银行实务培训系列丛书

银行销售实务

瞿 林　吴福生　俞津波　姚 捷 **编著**

上海大学出版社
·上海·

图书在版编目(CIP)数据

银行销售实务/瞿林等编著. —上海：上海大学出版社,2013.9
 ISBN 978-7-5671-0938-4

Ⅰ.①银… Ⅱ.①瞿… Ⅲ.①银行业务 Ⅳ.
①F830.4

中国版本图书馆CIP数据核字(2013)第190662号

责任编辑　庄际虹　封面设计　倪天辰

银行销售实务

瞿　林　吴福生　俞津波　姚　捷　编著
上海大学出版社出版发行
(上海市上大路99号　邮政编码200444)
(http://www.shangdapress.com　发行热线021-66135112)
出版人：郭纯生
＊
南京展望文化发展有限公司排版
江苏德埔印务有限公司印刷　各地新华书店经销
开本787×960　1/16　印张10　字数173
2013年9月第1版　2013年9月第1次印刷
印数：1～3 100
ISBN 978-7-5671-0938-4/F·117　定价25.00元

"银行实务培训系列丛书"编委会

主　　任　谭　红　沈　瑶
委　　员　李　利　李　樱　苏海明　苗俊华
　　　　　罗　晓　聂永有
执行主编　罗　晓　朱立芬

前　言

为上海"两个中心"建设培养优秀人才的共同目标是交通银行上海市分行和上海大学进行全面战略合作的动力。自 2007 年开始合作，到 2011 年交通银行上海市分行成为上海市市属本科高校校外实习重点建设基地，到 2013 年成为教育部高校校外实习重点建设基地的合作过程中，交通银行不仅为大学生提供了实习的机会，还专门为上海大学学生开设了"银行会计实务"、"银行销售实务"、"银行信贷实务"和"银行票据实务"等金融实务系列课程，受到了学生的欢迎。在共同探索金融人才培养新模式的合作中，我们充分发挥各自的长处，形成金融教学理论与实践结合的独特优势，为上海大学学生成长提供了一个舞台。本教材是我们合作中逐步形成的成果之一，随着合作的深入，我们还将开发更多的课程、编写更多的教材，供学生学习使用。

"银行实务培训系列丛书"是根据商业银行经营管理理论和我国银行工作的实际现状编写而成的实务性教材，其目的在于让学生更好地了解银行的业务、工作流程、服务规范，增强学生的职业素养和专业知识的储备，为他们将来择业或从事银行业的工作提供一些帮助。

本套教材分别从商业银行的会计、销售、票据、授信等主要业务着手，用通俗易懂的语言，深入浅出地阐述了银行主要业务的基本常识和业务流程。教材中有很多内容是交通银行员工的智慧和多年经验的积累，具有很高的实用参考价值，是高校金融专业学生和初入银行工作的人员了解、研究商业银行业务的入门教材。

当然，本套教材所囊括的知识点也是有限的，所涉及的内容还不够深入和全面。无论是作为一名合格的银行工作人员还是金融专业的合格学生，仅仅学习本套教材所涉及的内容是远远不够的，还必须付出更多的时间和精力去学习、去实践、去探索商业银行经营和管理，不断地总结和提炼，增加自己的知识储备，提升业务能力水平，修炼自身的职业素养，使自己在激烈的竞争环境中占有一席之地。

在编委会的指导下,由应敏、徐群编著,李樱审阅了《银行会计实务》;瞿林、吴福生、俞津波、姚捷编著,李利审阅了《银行销售实务》;陈建华编著,苏海明审阅了《银行信贷实务》;林平、于芳、任彦编著,李樱、苏海明审阅了《银行票据实务》等教材。罗晓、朱立芬同志负责教材的整体策划和组织实施。在编写过程中还得到了上海大学的鼎力支持和郭纯生、陈信华、桂永评、宋晓颖同志的热心帮助,在此我们表示由衷的感谢。

由于我们能力所限、经验不足,教材中一定会有诸多的缺陷,在此恳请各位专家学者、同事和读者给予批评指正。

"银行实务培训系列丛书"编委会
2013 年 3 月

目 录

第一章 客户接触 001
- 第一节 客户细分与挖掘目标客户 002
- 第二节 银行职员所应具备的素质 009
- 第三节 识别潜在目标客户 016
- 第四节 寻找潜在客户 018
- 第五节 客户接触的技巧与策略 021

第二章 发掘需求 027
- 第一节 何谓需求 029
- 第二节 客户需求的两个层次 030
- 第三节 为什么要发掘需求 032
- 第四节 如何发掘客户需求 033

第三章 推介产品 047
- 第一节 销售前的准备 047
- 第二节 如何顺利地把产品介绍给客户 058
- 第三节 推介产品时应避免的几大误区 072

第四章 应对反对意见 075
- 第一节 客户异议 076
- 第二节 客户产生反对意见的原因 078
- 第三节 减少反对意见出现的机会 079
- 第四节 处理客户异议的正确态度 082
- 第五节 处理客户异议的程序和步骤 085
- 第六节 处理客户异议的常见方法 088
- 第七节 应对客户的常见异议 099

第五章　销售促成 ·· 105
第一节　识别客户购买信号 ··· 105
第二节　适时提出成交建议 ··· 111
第三节　促成交易的策略及案例 ·· 114

第六章　客户关系的管理与维护 ··· 123
第一节　概述 ·· 125
第二节　客户关系维护方式的特点和优势 ································ 131
第三节　危机处理也是一种客户关系的维护 ···························· 139
第四节　维护客户关系需要遵守的原则 ···································· 142
第五节　不同市场角色的客户关系管理维护对策 ····················· 146
第六节　在客户关系维护中发挥客户经理的作用 ····················· 147
第七节　建立现代银行顾问式客户关系维护的机制 ················· 150

第一章

客 户 接 触

开篇案例

> 日本的泡泡糖市场，多年来一直被劳特公司所垄断，其他企业想要打入泡泡糖市场似乎已无可能。而在1991年，小小的江崎糖业公司一下子就夺走了劳特公司的三分之一的市场，成了日本当年经济生活中一条轰动性的新闻。
>
> 在市场细分上，江崎公司通过调查发现，劳特公司生产的泡泡糖销售对象以儿童为主，对成年人重视不够（其实成年人喜欢泡泡糖的也不少，而且越来越多），于是江崎公司在产品品种上一改劳特公司只有单一的果味型产品，针对泡泡糖市场细分的结果，生产出不同口味、不同形状的产品，扩大了消费群体。在拆食、定价等方面江崎公司也都从消费者角度出发，给消费者带来便利，加之以强大的广告攻势，其产品的竞争优势不言而喻。
>
> 在目标市场方面，江崎公司决定以成人泡泡糖市场为目标市场，并且制定了相应的市场营销策略。江崎公司推出功能性泡泡糖四大产品：司机用泡泡糖，使用高浓度薄荷和天然牛黄，以强烈的刺激消除司机的困倦；交际用泡泡糖，可清洁口腔，祛除口臭；体育用泡泡糖，内含多种维生素，有益于消除疲劳；轻松型泡泡糖，通过添加叶绿素，可以改变人的不良情绪。在泡泡糖的形状方面，推出了卡片形、圆球型和动物型。为了吸引客户，还采用了只需一只手就可以拆开的糖纸新包装，精心设计了产品造型，并将价格定为50日元和100日元两种，避免了找零钱的麻烦。

对于21世纪的银行业来说，最重要的不是规模概念，而是客户概念；谁掌握了客户需求，谁就掌握了市场和未来，谁就掌握了财富的源泉。

第一节 客户细分与挖掘目标客户

当前,银行业普遍认同一个"二八定律",即银行80%的利润来自20%的客户。如何寻找这20%的客户,并为他们提供更好的服务?答案是:投入一定的人力和财力,模拟和预测客户需求,分析客户贡献度和忠诚度,并建立数据库,通过数据分析和处理,找出这20%的优质客户。

如果对客户评判还只停留在静止、片面、主观的水平上,不能对客户做出动态、全面、客观的评价和准确、高效的选择,就会导致对客户的服务只能是大众化的,而非个性化的。如果不能通过电子化手段、产品创新和技术含量高的金融品种千方百计地挖掘优良客户,能够创造80%利润的客户就会流失。因此,新形势下的客户发展策略首要的一点就是要细分客户,对优质客户实行差别化服务。

一、客户细分

(一)按客户价值细分

对于银行来说,客户价值的计算应当基于账户的基础之上,其输入结果应当存储在数据仓库中,以便进行进一步的分析和营销活动安排。

客户价值细分理论选择了"客户当前价值"和"客户增值价值"两个维度指标,每个维度分高、低两级,由此可将整个客户群分成四组。其中,客户当前价值是假定客户保持现行购买模式和维持现有交易规模,客户未来可望为银行创造的利润总和的现值,它是对客户未来利润的一个基本估计。客户增值价值是指客户在增加购买条件下,未来可望为银行增加的利润总和的现值,即增益价值。它取决于客户增量购买、交叉性购买和推荐新客户的可能性和多少。细分的结果采用一个矩阵表示,称为客户相对价值矩阵,如图1所示。

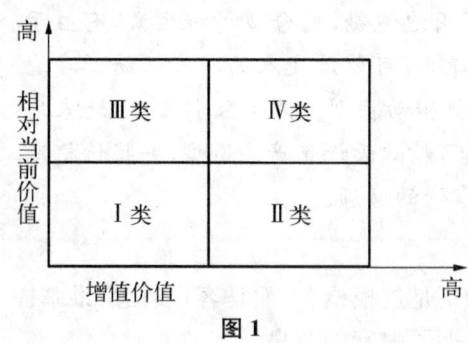

图1

1. Ⅰ类客户

该类客户是没有吸引力的客户,该

类客户的当前价值和增值潜力都很低,甚至是负利润。这类客户通常是银行的负担,一般不宜投入较多的资源去维持这类客户。当然,如果这类客户的当前价值不高是由于过高的服务成本和营销成本造成的,那么可以通过寻求降低成本的途径来提高客户的价值,使无利可图的客户成为有价值客户。在银行能力有富余时,只要边际客户收益大于边际客户成本,就可以采取维持策略。

2. Ⅱ类客户

该类客户虽然当前价值不高但有很高的增值潜力,如双方都有合作意愿,但还处于考察对方期间的情形。可以预计,如果再造与这些客户的关系的话,在未来这些客户将有能力为银行创造可观的利润。对这类客户,银行应当投入适当的资源,促进客户关系从低级阶段向高级阶段发展,提高客户对银行的忠诚度,从而不断获得客户的增量购买、交叉购买和新客户推荐。

3. Ⅲ类客户

该类客户有很高的相对当前价值,但增值潜力不大。他们可能是客户关系已进入定期的忠诚客户,对银行来说是十分重要的客户,他们为银行提供非常稳定的利润。因此银行应投入足够的资源,千方百计地保持与这类客户的关系,决不能让他们转向竞争对手。当然,要与这类客户保持长期稳定的关系,银行必须持续不断地向他们提供超期望价值,让他们始终坚信本银行是他们最好的服务商。

4. Ⅳ类客户

该类客户既有很高的当前价值,又有巨大的增值潜力,是最有价值的客户。这类客户一般具有较高的忠诚度,这类客户是银行获得持续利润的基石,银行要将主要资源投入到保持和发展与这些客户的关系上,针对每个这一类型的客户设计和实施一对一的客户策略,持续不断地向他们提供超期望价值的服务,力图长期保持双赢关系。

在客户价值细分理论的基础上,国内商业银行目前主要利用客户的收入、存款、教育程度等人口统计信息进行客户价值细分。但是作者认为,这只是进行商业银行客户细分的第一步,可以通过这些客户信息区分出主要基于客户收益的高端客户、低端客户。但这是远远不够的,识别出不同客户的不同收益情况,只能让我们分辨出客户的利润,却无法识别出客户的不同需求,因此,接下来应当对客户进行经济生命周期的价值计算,并作为特征抽取变量,和客户价值变量一起进行聚类分析。

(二)按客户关系的发展周期细分

客户关系的发展可以划分为考察期、成长期、稳定期、退化期四个阶段。考察期是客户关系的孕育期;成长期是客户关系的快速发展期;稳定期是客户关系的成熟期;退化期是客户关系水平发生逆转和倒退的时期。考察期、成长期、稳定期的客户关系水平依次增高,稳定期是供应商期望达到的理想阶段,但客户关系的发展具有不可跳跃性,客户关系必须越过考察期、成长期才能进入稳定期。

具体在经济生命期各阶段上企业的投入收益比见图2:

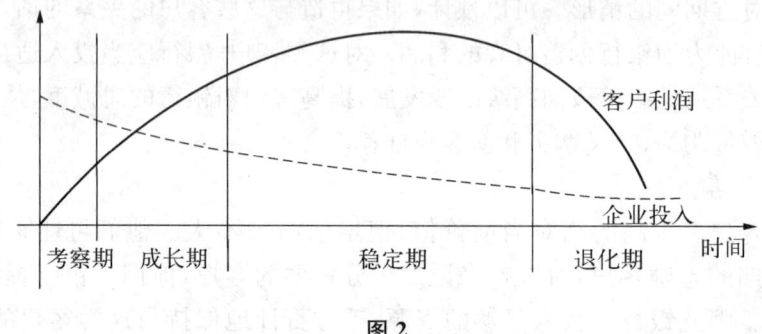

图 2

1. 考察期:关系的探索和试验阶段

在这一阶段,双方考察和测试目标的相容性、对方的诚意、对方的绩效,考虑如果建立长期关系双方潜在的职责、权利和义务是什么。双方相互了解不足、不确定性大是考察期的基本特征,评估对方的潜在价值和降低不确定性是这一阶段的中心目标。这一阶段企业与客户开始建立简单的关系,此时客户对企业业务进行了解,这一阶段的客户是潜在客户,企业投入是对所有客户进行试探和调研,以便确定出可开发的潜在客户。此时企业只能获得一些基本的收益,而客户对企业的利润贡献却不大。

2. 成长期:关系的快速发展阶段

双方关系进入这一阶段,表明在考察期双方相互满意,企业与客户之间的了解和信任不断加深。在这一阶段,双方从关系中获得的收益日趋增多。在这一阶段,随着双方了解和信任的不断加深,关系日趋成熟,因此双方的交易不断增加。当企业对目标客户开发成功后,客户与企业的业务逐步扩大,此时已进入客户成熟期。企业的投入与开发期相比要小得多,主要是发展投入,目的是进一步融洽与客户的关系,提高客户的满意度、忠诚度,进一步扩大交易量。此时,企业从客户交易中获得的收入已经大于投入,开始盈利。但客户尚未产生交叉购买意图及推荐倾向。

3. 稳定期：关系发展的最高阶段

这一期间，双方对彼此提供的价值高度满意，企业与客户的关系处于一种相对稳定的状态，交易数量变动较为温和。在这一阶段，双方或含蓄或明确地对持续长期关系作了保证。这一阶段有如下明显特征：

（1）双方对彼此提供的价值高度满意；

（2）为能长期维持稳定的关系，双方都作了大量有形和无形的投入；

（3）大量的交易。

因此，在这一时期双方的交互依赖水平达到整个关系发展过程中的最高点，双方关系处于一种相对稳定状态。此时企业的投入较少，客户为企业带来了较大的利润。在这一阶段，客户忠诚度增加，开始出现交叉购买及推荐行为。除了获得基本购买收益和增加购买收益外，企业还可以获得交叉销售收益及推荐收益，其中推荐收益表现为新客户开发成本的节约。客户影响力越大，推荐收益越多。

4. 退化期：关系发展过程中关系水平逆转的阶段

关系的退化并不总是发生在稳定期后的第四阶段，实际上，在任何一个阶段，关系都可能退化。可能引起关系退化的原因很多，如一方或双方经历了一些不满意事件、需求发生变化等。退化期的主要特征有：交易量下降；一方或双方正在考虑结束关系。当客户与企业的业务交易量逐渐下降或急剧下降时，说明客户关系已进入衰退期。此时，银行有两种选择，一种是加大对客户的投入，重新恢复与客户的关系，进行客户关系的二次开发；另一种做法便是不再做过多的投入，渐渐放弃这些客户。一般说来，由于关系的连续性和惯性作用，交易数量的减少是逐步发生的。在这一阶段的企业平均收益可近似地看成为基本购买收益。客户关系的发展要经历不同的阶段，每一阶段代表不同的客户关系水平。我们可以用交易额和利润代表客户关系水平，从而描绘典型客户经济生命期的变化趋势，客户利润随客户保持时间长度的增加而提高。经济生命期理论是一个十分有用的工具，将其引入客户关系的研究可以清晰地洞察客户关系发展的动态特征。

随着客户经济生命期阶段的发展，形成了关于客户利润的一般变化趋势：客户利润随经济生命期阶段的发展而不断提高，考察期最小，形成期次小，稳定期最大，退化期快速降低。图2描述了一个典型客户利润的变化趋势：在考察期总体很小且上升缓慢，形成期以较快速度增长，稳定期继续增长但增速减漫，退化期快速下降，整个客户利润曲线呈倒"u"型。

（三）按客户生命周期的细分

对银行客户进行生命周期的划分可以让我们从年龄的角度来评估客户的金融

财务需求;通过对客户生命阶段中的每一个重大事件的研究,银行可以为客户量身定制金融服务;而且这种客户生命阶段细分办法可以和其他的人口统计学方法和财务数据结合起来,以产生出更详尽的客户需求状态细分。以客户经济生命周期理论为基础,在国外先进银行的实践和目前领先数据挖掘技术提供商对银行客户细分研究结果的基础上,针对目前我国商业银行客户的现状,模拟出了我国银行客户生命周期阶段的划分和每个阶段的银行收益情况,如图3所示:

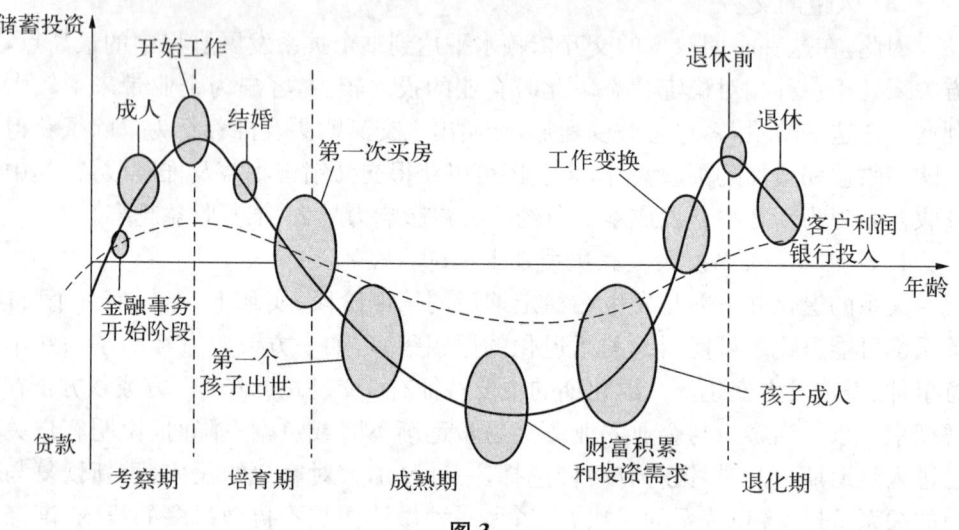

图 3

每一个客户在金融方面的需求都是由客户当前的生命阶段触发的,而在这些阶段中,各个大的生命事件导致了客户不同的理财状况,从而导致了不同的收益。进行了客户生命阶段细分以后,可以对客户当前的需求状况进行阐述。生命周期阶段可以划分为四个阶段:

(1) 年龄在20—27岁之间的客户,最重要的生命事件是工作;

(2) 年龄在25—35岁之间的客户,最重要的生命事件是买下首套房子;

(3) 年龄大于35岁的客户,最重要的是生命质量。

依据这三个最重要的生命事件,把客户和商业银行的关系所处的生命阶段分为:考察期、成长期、成熟期和退化期。

1. 第一阶段(考察期)

从客户的金融事务开始点一直到客户开始工作为止的时期。很多的潜在客户就是在这个阶段产生的,所以,这个阶段里银行对客户进行考察和衡量,以及为将来的合作进行一定的铺垫是很重要的。这一阶段的潜在客户主要是在校学生,目前很多银行在大学校园开展了信用卡推广等活动,就是想要培育未来的忠诚客户。

2. 第二阶段(培育期)

从客户开始工作一直到第一次买房的时期。此时客户和银行之间已经通过考察期的往来建立了一定的相互信任,此阶段的客户已经开始为银行创造效益,而且买房的需求是一个很好的营销机遇。

3. 第三阶段(成熟期)

从客户第一次买房到客户退休的时期,客户在这一阶段里无论是年龄还是金融需求方面都比较成熟,而且相对而言处于财富的积累状态。此时客户的需求状况是所有阶段中最为复杂的,营销机遇也是最多的。

4. 第四阶段(退化期)

从客户退休到生命阶段终止之时。此时客户的金融需求处于下降的趋势和状态,客户和银行之间的关系已经经历了三个时期的考验,但是这个时期的客户对于理财服务等其他增值服务已经没有旺盛的需求,只有少量的存贷款业务。图3只是典型客户的生命阶段划分,而并非所有的客户都能遵从该图的判定,因此,这只是一个指导原则。例如,其中还会有一些特殊情况,离婚、从未结婚的客户等等。

二、挖掘目标客户

要想识别高端客户,在与客户接触的过程中,必须深入了解客户的各种信息,真正懂得客户的需求和消费模式,特别是那些为银行带来主要利润的"金牌客户"。对客户的信息了解越多,银行就越能敏锐地发现一些潜在的业务,为客户提供更多更好的服务。掌握了客户信息就意味着控制了客户关系,银行的经营优劣已不再是简单地体现在"微笑服务"上,而是侧重于服务的便利、高效、准确及如何运用先进的计算机网络技术,跟踪、预测银行客户的发展动向,最大限度地挖掘客户信息的潜在价值,并利用这些信息来改进银行的服务,提高竞争力。为了更好的为客户服务,吸引更多的客户,银行把数据库作为客户信息贮存工具。数据库是近年发展起来的一种数据存储管理技术,它能够把零散的、无序的、历史的、当前的数据集中起来,从中挖掘出为银行创造利润的"金牌客户",能够把运作数据转化成商业信息,能够在客户还未意识到自己的某种需求之前,准确预测并提供相应的服务,能够通过计算利润、管理和分析风险,进行市场分析,并不断对数据信息进行更新,并形成新的统计信息和事物档案。据美国西部一家银行测算,以"深度效益"为指导的促销,1美元能带来10美元的回报。

(一)建立客户档案

识别客户的过程其实就是建立客户档案的过程。客户档案一般应包括三部分内容:第一部分是客户原始记录:有关客户的基础性资料,往往也是银行获得的第一手资料,具体内容包括客户代码、名称、地址、邮政编码、联系人、电话、银行账号、存款种类、消费记录、付款信用记录等。第二部分是统计分析资料:主要是通过对客户调查分析或向信息咨询业购买的第二手资料,包括客户对银行的态度、评价与存在的问题、信用情况、与其他竞争者的交易情况、需求特征和潜力等。第三部分是银行投入记录:银行与客户进行联系的时间、地点、方式和费用开支、曾给予哪些优惠、提供服务的记录、合作与支持行动、为争取和保持每个客户所做的其他努力和费用。

(二)分类收集客户的相关信息

1. 客户分为个人客户和企业客户

(1)个人客户:主要包括客户的姓名、年龄、教育程度、财富水平、特殊习惯、对风险的心理承受能力、联系方式、具体地址、潜在需求、个人好恶、家庭年均收入、性格特点以及是否具有购买决策权等。

(2)企业客户:首先要了解包括企业全称、成立时间、职工人数、企业类型、详细地址、邮编及传真电话、网站地址、法定代表人、主营业务、兼营业务等基本信息。另外了解你的客户,还要与客户零距离接触,要非常清楚客户的经营特点、商务规律,了解客户在行业内的地位,了解客户管理层的从业背景、社会资源。必须花大力气认真研究客户所在的行业,真正弄懂客户是做什么的,靠什么赚钱。

2. 收集客户信息

怎样收集客户信息呢?在着手对客户进行信息的收集时,作为理财专业人员必须取得客户的信任,同客户很好地沟通,得到客户的配合。考虑客户的正常心理,最初出于谨慎和自我保护意识,可能会对自己的相关信息有所保留。理财师对此不要强行追问,只要取得客户的信任,客户自然会与理财师很好地配合。

在选择信息收集方法时,与客户面谈是收集信息的基本要素。理财师在面谈前要做好各种准备,如准备好问题清单(各种问题的清单、人生大事表等)、需要使用的工具、思考与客户采取怎样的交流方式便于对方接受、选择好面谈的对象等。

在面谈的场所上,由于涉及客户的个人隐私问题,最好是单独交流,所以尽可能在客户的家中进行。在面谈中要注意客户对各种问题有什么样的反应,口气要便于与客户沟通,将需要确认的问题把握好,同时,最好使用问题清单,保证需要了解的信息不会遗漏。如果离客户远,不能面对面交谈,则可以采用网络、电话、书信等方式沟通。

对于客户信息(数据)的出处,理财师也要很好掌握。通过面谈得到的信息,可完整把握客户剩余的储蓄金额、保障的内容、支出的数额等。通过函证得到的信息包括:待征所得税的清单、房产税通知书、确认申报书、保险证券、存款清单、交易报告书、贷款计算书等。这里需要说明的是,有关数据信息必须制作成书面材料。

在把握客户的现状(数据信息的整理)时,首先要对客户的收入和支出进行了解:

(1) 客户数据信息收集的前提:掌握客户收入的实际金额,绝对不要用大致或者估计的数据,要区分好经常性的收入与支出及非经常性的收入与支出。

(2) 有关客户收入信息的收集:收集客户的收入、支出数据有两种方法:一种是收入和支出同等对待,同时收集有关客户有多少收入和多少支出的数据;另一种是重视支出的方法,以支出为主要收集对象,对收入则简单处理。

我们通常将支出划分为经常性支出和非经常性支出。经常性支出具有确定性,主要包括基本生活费用、居住(及与住房有关的)费用、子女教育费用、保险费用及其他相对固定的支出。非经常性支出具有不确定性,往往事先预料不到。

第二节 银行职员所应具备的素质

一、专业知识与技能

理财是一门学问。要在投资理财的实践中,掌握好投资工具,把握市场脉搏,对抗市场风险,赢得可观的收益,都是要有条件的。其中的一些条件还是必备的,那就是理财专业知识。

理财师必须掌握全面、丰富的知识,不仅要求十分熟悉本行业的各项产品和服务,而且对个人理财所涉及的其他金融领域,如证券、保险都要有比较深入的了解,对关联领域的知识,如税务、法律也需有基本的素养,对国内外政治局势,经济走势有深刻认识，这样才能针对不同客户的具体需要和问题，找到合适的解决方案，为客户的咨询提供合理的建议。

（一）基础知识要求

1. 经济学知识

经济学知识包括经济规律理论(价值规律、供求规律、竞争规律)、通货膨胀理论、宏观调控理论、厂商理论、市场理论、现代企业制度理论、产业结构理论、经济周期理论、企业集团理论、公司治理理论等。

2. 法律知识

法律知识包括《民法通则》、《公司法》、《经济合同法》、《企业破产法》、《担保法》、《中国人民银行法》、《商业银行法》、《票据法》、《保险法》、《贷款通则》等。

3. 管理学知识

管理学知识包括计划、指挥、协调、控制、激励、决策、战略、组织设计等内容。

4. 会计学知识

会计学知识客户经理应该了解会计假设、会计科目、账户、会计分录、记帐法、会计凭证、会计恒等式等，对资产、负债、所有者权益、收入、费用、利润等概念，客户经理也应该知晓。

5. 金融学知识

金融学知识客户经理应该了解货币、货币流通、银行信用、利息和利息率、金融资产、汇率、金融体系、货币供给、货币需求、货币均衡、货币层次、国际收支、国际信贷等概念。对银行经营状况如何进行分析，客户经理也应掌握。

（二）技能要求

一个合格的客户经理不仅需要具备广博的知识，还应具备专业的技能。客户经理的技能要求主要有：

1. 工作技能

工作技能，如计算机操作技能、外语会话技能、文字写作技能等。

2. 营销技能

营销技能包括说明、倾听、反应、解释和观察等技能。

3. 财务安排技能

财务安排技能包括测算资金往来的现金流量和期限结构、编制公司的现金流量表、协助公司建立大额收支预报制度和现金流量管理的基本框架、协助公司确定资金的使用期限和方式、设计资金综合管理方案、组织资金管理方案的实施和协助公司完成良好的财务运作等方面的专门技能。

4. 财务分析技能

财务分析技能主要是指借助企业财务报表分析企业财务状况的能力。

5. 调查技能

调查技能包括如何确定调查目标、如何选择调查方法、如何选择调查形式、如何取舍调查内容、如何分析调查结果等。

6. 非财务分析技能

非财务分析技能包括管理、经营、市场等方面的分析技能。

7. 展业技能

展业技能包括如何建立专门机构、配备人员并搞好职责分工；如何储备项目资源；如何开发银行优势；如何与潜在客户接洽，展开公关；如何对客户进行"诊断"，找寻"突破口"；如何签订合作合同或协议；如何开展品种设计；如何设计运作方案、如何进行谈判等。

二、银行服务礼仪

（一）银行服务礼仪的作用

银行服务礼仪是指银行业的全体从业人员在工作岗位待人接物、处理问题等，以一定的必要的程序来律己敬人的过程，包括工作人员的仪容、仪表、行为举止、文化内涵、素质、修养、沟通服务、工作态度等。从个人本身修养的角度看，要具备良好的内在修养和素质；从交际的角度看，以尊重、友好的态度为基础，具备一定的人际交往能力、方式和方法；从传递的角度看，具备自信的态度、有效的沟通方式、互相达成思想与情感的顺畅传递。

1. 礼仪是服务规范的基础

礼仪是人们在生活和社会交往中约定俗成的，人们可以根据各式各样的礼仪规范，正确把握与他人的交往尺度，合理的处理好人与人的关系。如果没有这些礼仪规范，往往会使人们在交往中感到手足无措，乃至失礼于人。熟悉和掌握礼仪，可以做到触类旁通，待人接物恰到好处。

2. 礼仪是塑造形象的重要手段

在社会活动中，交谈讲究礼仪，可以变得文明；举止讲究礼仪，可以变得高雅；穿着讲究礼仪，可以变得大方；行为讲究礼仪，可以变得美好……只要讲究礼仪，事情都会做得恰到好处。总之一个人讲究礼仪,就可以变得充满魅力。

3. 尊重的作用

尊重的作用即向对方表示尊敬、表示敬意,同时对方也还之以礼。礼尚往来,有礼仪的交往行为,蕴含着彼此的尊敬。

4. 约束的作用

礼仪作为行为规范,对人们的社会行为具有很强的约束作用。礼仪一经制定和推行,久而久之,便成为社会的习俗和社会行为规范。任何一个生活在某种礼仪习俗和规范环境中的人,都会自觉或不自觉地受到该礼仪的约束。自觉接受礼仪约束的人是"成熟的人"的标志,不接受礼仪约束的人,社会就会以道德和舆论的手段来对他加以约束,甚至以法律的手段来强迫。

(二) 银行服务礼仪的要求

1. 注重客户满意度

服务是一门艺术,艺术很抽象,难让人理解,要学好这门艺术,除了要对业务知识熟悉了解之外,还要以客户为中心,跟客户交流感情,设身处地为客户着想,保证客户满意。

通过为客户提供知识服务、超值服务和个性服务,不仅充实和丰富了工作内涵,更能巩固和提高客户的忠诚度和满意度。当然,处事中我们要机智巧妙,从容自信,对自己自信,才能使客户对你相信,做到超越平凡追求卓越。

2. 注重细节服务

(1) 服务要注重细节,细节方能彰显品质与品味:在人们对于生活品质日益追求完美的潮流趋势下,银行的服务工作更是要积极主动去迎合和创造这种氛围,要让客户觉得,我们的一言一行,一举一动,都是很用心地在为他服务。

(2) 细节显示差异,细节决定成败:在高度竞争的时代里,银行之间的竞争往往就在于细节的差异,能够做到别出心裁而又迎合客户的需要就是我们的目的所在。我们要用心去服务,要善于观察客户,理解客户,对客户的言行要多揣摩,用真诚、真情、真心架起与客户沟通的桥梁,真情做好服务,真心让客户放心。要想客户之所想,急客户之所急。

3. 注重自身仪容仪表

银行业是一个窗口行业,所以银行的所有工作人员都要对自己的仪容仪表按照有关的岗位规范,从严加以要求。要将这些方面的具体细节问题提升到个人与银行的整体形象的高度来认真地加以对待,具体表现在以下几点:

（1）服装：

银行工作人员的服装不仅代表了个人形象，更是银行整体形象的展示，所以银行工作人员上班前要检查好自己的工装是否整洁，工牌是否佩戴等。

男装：春秋冬季节套装，包括衬衣、裤子、领带、外套。夏季服装，包括短袖衬衣、裤子、领带。

女装：春秋冬季节套装，包括衬衣、裤子、外套、领带。夏季服装，包括短袖衬衣、裤子、裙子。

着装要求：各银行服装订制形式不同，无论是量身订做还是依据大、中、小码尺寸批量生产，一般都应选择自己合适的尺寸，要注意四围、四长。四围，即领围以插入一手指大小为宜，胸围、腰围、臀围应松紧适度为宜；四长即袖长、衣长、裤长、裙长。袖长，在手的虎口关节处，穿西装款的制服以衬衣袖长抬手时比西装袖长长出 1.5—2 厘米左右为宜；衣长，约盖过臀部的 4/5 为宜；裤长，以盖过鞋跟的 2/3 为宜；裙长（约在膝盖上或下 10 厘米为宜）。

衬衣不能掉扣；男员工佩戴的领带、女员工穿有领衬衫所佩戴的领花或丝巾，都应与衬衫衣领口吻合、紧凑而不系歪；工牌、行徽要全部佩戴整齐，固定牢固，不能松垮、歪斜、左右晃动。

银行制服应保持洁净、清爽、挺括，衣裤不起皱，应经常熨烫，包括领带、领花、丝巾清洗后一定要熨烫整齐。不应出现油渍、污垢、异味，特别是衣领、袖口尤其要保持干净。

银行制服应上班穿戴整齐，下班后脱下挂在衣架上，很好地养护。而不应该下班后也穿，甚至逛商场、买菜、干家务、拖地板都穿着制服，使在服真的成了名副其实的"工作服"。不能很随意地把领带、领花或丝巾握成一团装在裤子的口袋里，上班佩戴时皱巴巴，显得很不整洁、很不规范。

（2）发型：

男士要经常检查自己的头发是否过长或整洁，不能有头皮屑，不可以漂染和焗异色头发，发长不超过一寸，发尾不触及衣领，鬓角不遮耳线。

女士也要经常检查自己的头发是否整洁，女士刘海不能遮眉，侧发不能掩耳，应该整齐梳于脑后。长发，必须盘起，尽量将刘海梳起，不允许在工作时梳披肩发，刘海不可遮住眉毛。

（3）化妆：

银行从业人员应该淡妆上岗，以塑造银行职业的美好形象，展示银行从业人员的整体素质和美感。

女士妆以淡雅为主,具有比较强的包容性,它将与服饰和办公环境巧妙地融为一体。自然而没有明显的痕迹。

(4) 饰品:

首饰:银行工作人员基本上要求不能佩戴太夸张的饰品,耳环最好戴耳钉,项链的坠子不能太大,戒指最好不戴,手链手镯之类禁止佩戴。

男士饰品:手表应佩戴稳重、大方、不张扬、轻便款型的腕表。

银行人员的行徽行标要佩戴在正确的位置。佩戴工牌的位置应在左胸上侧,男员工佩戴在左胸口袋的上侧中间位置,于口袋上侧边沿保持0.2至0.5厘米距离,而不适宜直接佩戴在口袋上;女员工应佩戴在左胸上侧3至4厘米处,而不应佩戴在左胸的至高点上。

(5) 面容:

银行员工要注意面容清洁卫生,保持牙齿、眼睛、耳朵、鼻子等清洁,显示出职业精神。

男员工应注意保持面部的滋润和清洁,做到每天都要清洁面部、洗发、剃净胡须,鼻孔内毛发应及时修剪。

眼角的分泌物要及时清理,随时注意。如果眼睛患有红眼病等传染病,要避免外出。如果视力不好,可以戴眼镜。眼镜要注意随时擦洗,上面不要留有灰尘。

(6) 指甲:

作为银行员工,必须经常清洗手部,经常修剪指甲,不能留长指甲。女士不能涂有色指甲油。

(7) 举止规范:

举止又称举动、动作、姿态,人体的基本姿态是站、走、坐;举止礼仪的总原则是文明、优雅、礼貌。

银行从业人员的举止要求是:尊重客人,遵循礼仪,尊重自我;做到:站立有相、落座有姿、行走有态、举手有礼。

① 站姿:

标准的站姿,从正面观看,全身笔直,精神饱满,两眼正视,两肩平齐,两臂自然下垂,两脚跟并拢,两脚尖分开60°,身体重心落于两腿正中;从侧面看,两眼平视,下颌微收,挺胸收腹,腰背挺直,手中指贴裤缝,整个身体庄重挺拔。

② 坐姿：

正确的坐姿应是上身挺直、收腹、下颌微收，两下肢并拢。如有可能，应使膝关节略高出髋部。如坐在有靠背的椅子上，则应在上述姿势的基础上尽量将腰背紧贴椅背，这样腰骶部的肌肉不会疲劳。久坐之后，应活动一下，松弛下肢肌肉。另外，腰椎间盘突出症患者不宜坐低于 20 厘米的矮凳，尽量坐有靠背的椅子，这样可以承担躯体的部分重量，减少腰背劳损的机会。

③ 走姿：

正确的走姿应从容、平稳、直线。良好的走姿应当身体直立、收腹直腰、两眼平视前方，双臂放松在身体两侧自然摆动，脚尖微向外或向正前方伸出，跨步均匀，两脚之间相距约一只脚到一只半脚，步伐稳健，步履自然，要有节奏感。起步时，身体微向前倾，身体重心落于前脚掌，行走中身体的重心要随着移动的脚步不断向前过渡，而不要让重心停留在后脚，并注意在前脚着地和后脚离地时伸直膝部。

4. 服务热情周到耐心

银行业是一个服务行业，我们的宗旨就是服务客户，客户就是上帝。所以所有的银行工作人员一定要讲究文明礼貌，热忱而主动地为客户服务。

与客户打交道时，必须严格地执行本单位已经明文规定的文明用语与服务忌语。对于客户所提出来的各种疑问，要认真聆听，耐心解释，有问必答。为客户服务之时，态度必须主动、诚恳而热情。对待所有的客户，都要一视同仁。

银行工作人员要摆正自己的位置，要始终记住我们是为客户服务的。在工作中难免会与客户产生一些矛盾。在此种情况下，对客户的尊重、对工作的负责，都要一如既往。对于矛盾，要力求妥善解决。

得理之时，必须让人一步；失礼之时，必须主动致歉。受到客户的表扬要谦虚，受到客户的批评要虚心，受到委屈要容忍。在任何情况下，都要自觉做到与客户不争不吵，始终笑脸相对，保持个人风度。

5. 保持稳定的心态

很多在银行工作的朋友都认为自己很了不起，所以导致在与客户接触的时候不能摆正自己的心态，认为自己是高高在上的。这样就容易让客户产生反感。现在金融业竞争非常激烈，客户如果对你不满意就可以去别家，这样我们就会失去很多的客源。

第三节 识别潜在目标客户

帕累托从英国人财富和收益模式中，得出这样的结果，20%的人享受80%的财富。而且某一群族占总人数的百分比，与该群族所享有的总收入或财富之间有一项一致的数学关系，而且这种不平衡模式在不同时期、不同国度会重复出现，因此20/80成了这种不平衡关系的简称，后人称之为二八法则或者帕累托定律。在经济世界和人们的日常生活中到处体现20/80定律现象：20%的产品和20%的客户，承担了企业约80%的营业额；20%的产品和20%的客户，通常带来企业80%的利润……由此可见对大客户的管理关系到企业营销战略的成败，所以我们要把这些高质量的大客户作为潜在目标客户。

一、潜在目标客户的概念

所谓潜在目标客户，也就是既具有对银行相关产品有需求也具备一定的购买能力，不过还没有成为银行的客户的那部分消费群体。这样的潜在客户应该积极争取，否则便会成为其他银行的客户。首先，作为银行来说，一定要先明确的定位哪些群体属于潜在客户，然后再对其进行宣传和挖掘。如果潜在客户的定位不准确，可能会导致工作效率的大幅下降，不利于企业的长期发展。

那么，什么样的客户才是我们银行的潜在目标客户？是销售额高的？是毛利率高的？是资金实力雄厚的？还是经营场地面积大的客户？这里并没有一个固定的标准可以用来判断。因为虽然销售额很高，而毛利率很低，就不是我们所需要的大客户。我们把精力集中到他们那里，只能赚到微薄的利润，甚至有一天他们一翻脸，就会转投别的竞争银行。同样，即使毛利率高，但销售额低，也不算是；那些经营面积大，资金实力雄厚的也不能肯定就是我们的大客户。

二、识别潜在目标客户的步骤

(一) 确定目标

根据"3A"客户筛选法则(有能力、有意愿、能接近)，通过客户资料的收集、分析，找出大客户，实施对大客户的个性化管理，并对其服务进行跟踪，及时改进服务,保持他们的忠诚。

另外,通常我们识别潜在 VIP 客户需要关注以下几点内容:

(1) 银行 VIP 客户;

(2) 债券大户;

(3) 定存人民币 1,000,000 元以上;

(4) 定存到期或即将到期的大户;

(5) 有海外置产与移民需求的人士;

(6) 规划第二代出国深造的人士;

(7) 有立即的节税需求(赠与税、遗产税)。

(二) 拓展信息来源

应建立多渠道的、便于大客户与银行沟通的信息来源,如销售中心、电话、呼叫中心、电子邮件、web 站点、客户座谈会;利用专业人士网络,比如律师、医生,让他们帮助推荐客户,演艺圈人士也会带来相关的群体客户;参与社区活动、举办讲座,类似一些社区节日活动,可以考虑赞助,也可以在摩托罗拉、西门子这样的大企业举办讲座。

(三) 大客户的信息收集

通过上述来源进行信息收集,包含的内容主要有:姓名、性别、年龄、职业、住址、电话、电子邮件等客户个人信息,以及客户的还价能力、关注重点、习惯等购买历史信息。

(四) 大客户信息分析

对金额的分析让银行了解每个大客户在周期内投入本经销商产品或服务的花费,这一指标是所有指标的支柱。在实际操作中,我们时常通过以下几种方法来鉴定、筛选大客户:

(1) 具有先进经营理念;

(2) 具有良好财务信誉;

(3) 销售份额占大部分份额的客户;

(4) 能提供较高毛利的客户。

这些客户是我们要重点关注的对象,也同样是我们要集中精力服务好的客户。不得不提醒一下,大客户不是一成不变的。今年是我们的大客户不代表明年还是我们的大客户,小的客户也可以通过扶持让其变成我们的大客户。

第四节　寻找潜在客户

一、寻找潜在客户比较通用的方法

(一) 网络寻找法

互联网已经成为人们最得力的工具之一,使用网络搜寻既快速又方便,简单易行,比较适合一些新员工来使用。在进行网络搜索时,可以借助一些比较通用的大型的搜索引擎,用关键词搜索,重点留意商业网站的客户资料信息,但是最好不要固定用一个搜索引擎。银行业也不例外,既要合理地利用网络进行自我宣传,更要充分地利用这一工具来加强对潜在客户的搜寻,了解客户的需要和诉求。

(二) 广告寻找法

通过大量的投入广告也可以确定一部分潜在客户,称之为广告寻找法。该方法的基本步骤是:制作一些目的性比较强的广告,然后向特定的客户群发放,对于感兴趣的客户或者有意向的客户可以提供咨询服务,吸引其上门做进一步的了解,然后对这些客户重点确定并及时反馈信息,逐步引导其成为业务客户。很多银行在这一方面都已经开展了相应的工作,一些基金项目在营业大厅的广告随处可见,是一种较好的方式。也有的银行采用电视媒体等方式,也有一定的成效。

(三) 介绍寻找法

如果业务员具有良好的人际沟通能力以及比较广泛的人际关系网络,则可以使用此法。该方法是利用现有社交网络,对一些目标比较明显的客户进行分析定位,然后确定是否为潜在客户,再进一步展开攻势。社交的方式有很多,以各种朋友关系为主,利用口头介绍、电话介绍、名片介绍、信函介绍等都可以,但是一定要注意客户的反应,切勿贸然行进。

(四) 特定资料搜寻法

有一些业务员可以通过种种渠道获取到一些特定的资料,比如政府部门资料、行业和协会资料、工商企业目录或产品目录、国家或地区统计资料、电视或互联网等大众媒体的产品介绍、客户发布的消息、企业内刊等等,尤其是一些政府资料往往信息容量大又比较准确,由于范围相对固定,可以在很大程度上提高搜寻的效率,而且可靠性也比较高,是一种效率比较高的方法。

二、将潜在客户转化为现实客户

与潜在客户进行卓有成效的沟通是将潜在客户转化为现实客户的第一步,除此之外,还要通过各种营销手段将有关信息传递给潜在客户,同时还要做好以下几方面的工作。

(一)重视客户的需求

银行的工作人员应该从客户的需求角度出发,努力寻找与其要求相一致的产品,以此来提高客户的注意力,增强其好奇心,减弱其抵触情绪,慢慢实现与客户的沟通。只有产品真正的符合其需要,合作的关系才能确立起来,才会发展成为真正的客户。在供求关系中,需求是原动力,因此一定要搞清楚客户的真正需要,而不是强行推销产品。有些银行恰恰忽略了这一点,产品开发带有很强的盲目性,但又强调产品的销售,最终的结果就是潜在客户的彻底丢失,真可谓是得不偿失。

(二)完整地传播信息

当然,想要准确的了解客户信息并完全按照其需求来打造产品也不现实,银行作为一个企业来说终究还是要考虑自己的经济效益问题。所以,作为银行的工作人员,应该一方面投入大量的精力尽可能地和潜在客户进行接触和沟通,另一方面则要尽可能地对银行的产品进行最为详细的解释,然后寻找是否有客户感兴趣的利益点。譬如,可以精心策划组织营销方案,通过多渠道和多途径的营销来完整地向潜在客户传播展会的信息,使潜在客户对企业的信息有一个全面而完整的了解和认识,从而唤起他们对于企业的认同和接受,最终发展成为企业的忠诚客户。

(三)尽量降低客户的成本付出

成本是所有客户都最为关心的问题。很多时候,尽管客户对于公司的产品和服务有需求和欲望,但他们却不一定付诸行动,究其原因,恰恰就是成本过高导致的。这种成本不仅仅是指货币成本还包括客户为此而付出的时间成本、精力成本和心理成本。因此当银行推出一项产品和服务时,必须对这些成本有一个清晰的了解和把握,确保目标客户群对于此项成本可以接受,否则就可能由于成本的限制,而错失客户。

(四)重视与客户的每一次接触

每一个潜在客户都是一个独立的社会人,拥有自己的情感和主观判断,并会对与工作人员的接触做出自己的反应。因为银行与客户的接触非常多,所以更应该注意到客户的感受。银行的业务员与客户进行直接的交流和沟通之前,最好能掌握客户的基本信息、客户的需求和偏好,从而在每一次与客户交流的过程中,占据有利的先机。

三、对潜在客户的管理

(一)分五步转变成真正的大客户

第一次接触非常重要,这是给大客户留的第一次印象,不管是通电话,还是拜访或见面,这个印象一定要留好。第二步是要建立信任。第三步要让准大客户自愿见你,第四步让准客户变成大客户,最后是让其成为长期忠实的客户。这需要长期的不懈努力。

(二)全方位调动实现优化管理

对任何企业来说,潜在客户都是重要的战略资源,绝不可以随便浪费和丢弃,因此怎样实现最优化管理非常重要。对于潜在客户来说,适当地进行挖掘,将其转化成真正的客户是最理想的状况。

(1)通过对潜在客户群的管理,跟踪准客户的询价,并将合格的业务潜在客户安排给合适的人员,这样销售代表就能即时获得最新的销售准客户,永远不会丢失潜在客户。

(2)在对潜在客户进行管理的过程中,做好潜在客户的细分工作可以更好地保证有针对性地开展营销策略。对于不同类型的潜在客户,如可能发展为高端客户、重要客户、普通客户的客户要实施个性化、差别化的策略。

(3)对于价值不同的潜在客户要采取不同的策略。潜在客户的价值主要包括潜在客户发展为真实客户后对于企业的忠诚度、潜在客户本身的诚信度等,如果忠诚度和诚信度较差,即使花费了大量的时间和精力将他们发展为企业的真实客户,以后也很容易转向其他的相似企业。如果出现这种状况,那么对于企业来说就是得不偿失的,所以在对这些项目的潜在客户进行管理的过程中,要特别注意观察这些潜在客户的个性特点,了解客户的忠诚度以及诚信度。

第五节　客户接触的技巧与策略

一、建立信赖感的三个步骤

与客户第一次见面，建立与客户之间的信赖感是最重要的。那么要如何和客户建立良好的信赖感呢？

（一）闻

一般来说，若我们打算和某个人或某家企业做生意之前，都会向朋友或同业打听一下这个人或这家企业的风评如何？或是通过网络搜寻一下这个人或关于这家企业的报道，这就是"闻"的功夫。

（二）识

"识"就是要你的客户彻底认识你。因此，当你和客户第一次见面的时候，要准备一张个人的学业简历、具备的相关证照介绍以及曾经参加过的财经课程与训练，让客户先通过充分的资讯来了解你是个怎样的理财专员，有没有充分的专业知识与一定的理财经验。

大多数客户是没有办法在还不了解你的情况下就对你产生一定的信赖感的。但中国有句俗谚说的好：百闻不如一见。因此我们与客户初见面的 30 秒就成为双方建立良好第一印象的黄金时间。

在黄金 30 秒的时间里有三件事情非常重要：

（1）见面之前的确认动作，一个专业的理财专员或理财顾问一定会和即将见面的客户做一个确认的动作，一方面是提醒客户确认这次的拜访时间与地点无误，也可以省下万一没打电话确认而造成的时间浪费与舟车劳顿。

（2）事先打电话和客户确认时间与地点，是适当展现行业人士风采的一种表现，也可以为即将的见面铺陈一定的信赖感。除了打电话之外，如果是见面时间离现在尚远或是要与非常重要的人士会面，写一张温馨的卡片寄给对方，也是不错的方法。

（3）提前五分钟到达，可以先整理一下自己的服装仪容，也可以在脑海里整理一下思绪和客户见面的几个步骤与重点。然后，与客户见面的握手寒暄要态度从容，带着谦虚与自信与客户轻松简单的问候。通常这个时候，客户可能会不经意的从头到脚打量你的衣着,因此,我们务必在见面之前整理一下自己的仪容。

（三）解

"解"这个字,其实代表见面双方的了解与互动。客户当然想知道今天你想谈些什么,也可能会先假设你就是推销或介绍某项金融商品给他,因此多多少少带着防备的心理或抵拒感。因此,除了准备一张简单扼要的简历之外,最好再准备一份销售资料夹,以图形与文字说明你的产品与服务可以提供哪些利益与价值。如果今天要谈的是投资商品或是资产配置,那么第一次见面就应该多花时间去了解面前的准客户心里在想什么。"解"的另一层意义是协助我们了解面前的这个客户是否值得花时间开发或经营。

二、与客户沟通时需要注意的问题

（1）跟客户第一次见面,千万不要心急;

（2）不要口沫横飞不断地讲解你要推荐的商品;

（3）通过发问与聆听,了解客户对理财的想法与经验;

（4）先去判断你面前的准客户的理财个性与理财模式;

（5）只有让客户多说话,我们才能够多了解他;

（6）设法了解客户决定投资的关键因素;

（7）让客户相信你是站在他的角度在考虑事情;

（8）让客户对你产生信赖感与好感。

三、客户接触开场白的相关技巧与策略

（一）利用好奇心的开场白

> 一个推销节水喷头的销售人员,来到某单位的办公室,进门后,他微笑着,不做任何自我介绍,从包里拿出一样东西递给一个正吃惊地看着他进来的人,说:"请您看一下这个。"这个人还不知道怎么回事,伸手就接过他递过来的东西:"这是什么?"这个人翻来覆去地观察这个喷头。与此同时,销售人员又拿出几个,分给在场的其他人,于是带来了一阵议论,他抓住时机展开宣传,结果大家的注意力都集中到他推销的节水喷头上了。

案例分析:这个销售人员成功地利用了人们易对陌生人及物品产生好奇的心

理，直接将人们的注意力转移到他的推销上，并抓住人们观察节水喷头的时间去说服人们，当人们了解到他的真正身份和意图之后，可能已经准备购买了。

在另一种情况下，当销售人员遭到拒绝的时候，还可利用人们对"只说一句话"之类的小小请求的宽容和好奇，重新唤起客户的注意，引起其再次思考，这样往往能够起到力挽狂澜的作用。

（二）正话反说的开场白

人们头脑中的销售人员形象总是想方设法地推销些什么。由于有了这种固定的印象，假如销售人员一开口即介绍自己的产品，那么必然会被客户归入这一固定的形象中去，不再被注意，所以打破客户的思维定式，也是销售人员吸引客户注意的好办法，具体该怎么做呢？

> 一个洗衣机厂的销售人员找到批发部的经理访问。开口即说："您愿意卖500台洗衣机吗？"话一出口，即引起经理的注意，便高兴地同他谈下去。

案例分析：其实这只是"买"和"卖"的一字之差。但如果销售人员说的是"买"字，经理肯定不愿意再继续这个谈话。经理会想：我这里还有一堆洗衣机没人买呢，干嘛要买你的？而"卖"字则正好说中了经理所盼望的事情，而又出乎他的意料，在他的心中引起了较大的反响。这种正话反说的策略，打破了销售人员的自身常规，在引起"顽固"客户的注意时，是比较有效的。

（三）设身处地地设计开场白

销售人员如果只是为推销商品而推销，过多地谈论自己，吹嘘自己的产品，那么他的话是很难吸引客户的。销售人员要是站在客户的立场上，说出替客户设身处地着想的话，则会赢得对方的注意。因为对所有的人来说，注意的最大焦点莫过于谈论与自身有关的事情，所以销售人员就应该从谈论与客户息息相关的信息入手，使客户对推销产生兴趣。

> IBM公司一个销售人员到一家公司推销计算机。说明来意后，对方年轻的主管拒绝道："我们不需要计算机，刚上任，一切不熟悉，很忙，也没有时间学习计算机操作。"销售人员不慌不忙地说："您和您的同事都很忙，我十分理解，而我来推销电脑正是想帮你们的忙。"这一下就将对方吸引住了，于

是继续说道:"你们上忙下忙,不是因为不勤快,而是因为没有认识到科技成果对提高效率的重要意义,我计算了一下,各部门选人来学习电脑,您手下的人可以减掉五分之二,或者说减掉五分之二的工作量,您学会了,可以通过电脑联网,调出信息来分析,省时又省力。"几句话打动了年轻主管的心。

案例分析: 在这个例子里,销售人员并没有介绍IBM的产品如何优秀、如何好,而是替年轻主管着想,围绕如何减轻他的工作量,提高工作效率来展开说服,这样,年轻主管不仅为销售人员体谅自己工作的辛苦而感激他,而且也在随着销售人员的思路去思考去考虑这个问题,于是推销不就迈出了成功的第一步了吗?

(四)称赞客户的开场白

一位中年妇女领着自己的女儿来到百货商店的旅游鞋精品柜台,她们边走边看,这时营业员突然说:"您的女儿真高,上高中了吧?""中年妇女笑着说:"刚毕业,这不,才考上大学,带她来买双鞋。""您的女儿可真不错,多给您争气呀!将来一定更有出息,您就等着享福吧。您看您的女儿又高又苗条,这种新款旅游鞋一定适合她。""真的?让我看看。"

案例分析: 每个人都有希望别人赞赏的心理,而且对得体的赞美是很容易注意的,因此,在推销开始时,适当地赞美你的客户,是唤起客户注意的有效方法,赞美的内容有多种多样,外表、衣着、谈吐、气质、工作、地位及智力、能力、性格、品格等,只要恰到好处,对方的任何方面都可以成为赞美的内容。这个营业员正是利用了母亲对孩子的爱,去称赞孩子,从而吸引了母亲的注意。

(五)允诺好处和利益的开场白

我们常常在报纸上或电视上看到这样的广告承诺:"免费提供……","买二送一"等,这样的广告之所以能够激起人们的购买兴趣,是因为它向人们提供了免费得到的利益,何乐而不为呢?

一个中国留学生在澳大利亚经历了这样的事情:"一天,我独自走在悉尼的街头,突然一声'请原谅'把我吓了一跳,回头一看,原来是位金发小姐。

> '您是中国人?'金发小姐问。'嗯。'我下意识地回答了一声。'我能问您几个问题吗?''我不懂英语。'我打着手势装着不懂。'只四个问题。'金发小姐一笑,继续问:'您是学生还是工作了?您最想做的事是什么?将来想从事什么工作?对未来有何打算?'我的顾虑打消了,心想在这陌生世界中,竟还有人关心起我这个不起眼的人的生活和工作,甚至未来,于是答道:'我现在是边学习边打工,每天感到工作压力很大、人很累,我最想做的事就是交到更多的朋友,将来能从事自己喜欢的工作,对未来我希望获得成功。'金发小姐一边点头表示理解,一边飞快地在本子上记下'压力'、'朋友'、'工作'、'成功'。并在'成功'一词与前面三个词之间画了一个圆,并打上了大大的问号。'您希望成功,目前却遇到压力、朋友和工作这些问题,那么通过怎样一个中间媒介去实现呢?我将告诉您。'然后她指着问号说道:'但愿我能帮你解决这个问号。'我十分惊讶,于是带着好奇,跟着金发小姐来到了她的办公室,她告诉我,她的工作是帮助那些有困难的人,根据他们的具体情况,指导他们购买他们所需要的书,特别是在这儿购买,可比外面书店便宜百分之十,金发小姐正是以'我能帮你解决这个问题'的承诺来吸引留学生的。"

案例分析:销售人员也应该掌握这种方法,在与客户见面时即应告诉他,你能给他带来何种好处,能为他做些什么事,能满足他哪些需要,这样客户就会对你的推销发生兴趣。

 **思考题**

请您根据模拟场景练习银行客户经理与不同客户初次接触时的开场白技巧:

1. 韦小姐,在过去的两年中,我们为理财客户推出了超过50种理财产品,其中,至少有六七种在市面上是独一无二的。

2. 汤先生,我非常想知道,您在选择金融产品和服务时,会考虑哪些因素?

3. 任女士,我觉得您的办事风格相当稳重,您有兴趣的话,看一看这份宣传单页,它介绍了如果您愿意采用"纸黄金"理财方法,一定会在可控制的低风险的基础上适时获得实盘交易的收益。

4. 戴先生,为了尽可能节约您的时间,我想您能否告诉我现在您主要通过哪家银行理财？此外，在投资理财方面您还有哪些要求，什么情况才会使您重新考虑安排理财方案和受托银行？

5. 施女士，选择外汇期权与定期存款的理财产品确实非常困难，不只您一个人有这样的体会。但是，如果您比较一下"借记卡"和"信用卡"这两份宣传单片，会发现我们所设计的理财产品具有很多的便利。

6. 何女士，您可能还记得上次会面我们对下面几点达成了共识：您同意我所介绍的华富短债基金是收益比储蓄更高的投资，您也希望看一下优选基金的产品简介，您更关心该基金的投资管理团队是由哪些成员组成的，您大概还记得我答应这次给您答案。如果您方便的话，我们约个时间，我到您的办公室为您介绍。

7. 您可以看到，施先生，成功人士对于现今的黄金理财产品的要求，不会停留在短线获利上，很多人更关注中长期投资，关注实盘交易的方便快捷，关注报价与国际黄金市场是否同步，您可以看一下交通银行有关黄金的市场分析报告。

8. 张先生，您应该还记得，在上次见面中，您说如果您决定使用新的银行卡，您需要卡面设计新颖些。今天会面的目的，就是想让您看看我们新近推出的信用卡，我会简短地介绍一下，希望能得到您的确认。

第二章

发掘需求

> 我可以在任何时间、任何地点,把任何产品,推销给任何人。
> ——[美国]世界著名的销售员乔·吉拉德

开篇案例

曾有这样一个小故事:一位老太太每天去菜市场买菜买水果。一天早晨,她提着篮子,来到菜市场。遇到第一个小贩,卖水果的,问:"你要不要买一些水果?"老太太说:"你有什么水果?"小贩说:"我这里有李子、桃子、苹果、香蕉,你要买哪种呢?"老太太说:"我正要买李子。"小贩赶忙介绍:"我这个李子,又红又甜又大,特好吃。"老太太仔细一看,果然如此。但老太太却摇摇头,没有买,走了。

老太太继续在菜市场转。遇到第二个小贩。这个小贩也像第一个一样,问老太太要买什么水果?老太太说买李子。小贩接着问:"我这里有很多李子,有大的,有小的,有酸的,有甜的,你要什么样的呢?"老太太说:"要买酸李子。"小贩说:"我这堆李子特别酸,你尝尝?"老太太一咬,果然很酸,满口的酸水。老太太受不了了,但越酸越高兴,马上买了一斤李子。

但老太太没有回家,继续在市场转。遇到第三个小贩,同样,问老太太想买什么?(发掘基本需求)老太太说买李子。小贩接着问:"你想买什么样的李子?"老太太说:"要买酸李子。"小贩很好奇,又接着问:"别人都买又甜又大的李子,你为什么要买酸李子?"(通过纵深提问挖掘需求)老太太说:

> "我儿媳妇怀孕了,想吃酸的。"小贩马上说:"老太太,你对儿媳妇真好!儿媳妇想吃酸的,就说明她会给你生个孙子,所以你要天天给她买酸李子吃,说不定真给你生个大胖小子!"老太太听了很高兴。小贩又问:"那你知道不知道这个孕妇最需要什么样的营养?"(激发出客户需求)老太太不懂科学,说:"不知道。"小贩说:"其实孕妇最需要维生素,因为她需要供给这个胎儿维生素。所以光吃酸的还不够,还要多补充维生素。"他接着问:"那你知不知道什么水果含维生素最丰富?"(引导客户解决问题)老太太还是不知道。小贩说:"水果之中,猕猴桃含维生素最丰富,所以你要经常给儿媳妇买猕猴桃才行!这样的话,你就能确保你儿媳妇生出一个漂亮健康的宝宝。"老太太一听很高兴啊,马上买了一斤猕猴桃。当老太太要离开的时候,小贩说:"我天天在这里摆摊,每天进的水果都是最新鲜的,下次来就到我这里来买,还能给你优惠。"从此以后,这个老太太每天在他这里买水果。

在我们的工作中、生活里,却发现销售任何一件产品都远比想象得难。在这个故事中,我们可以看到:第一个小贩急于推销自己的产品,根本没有探寻客户的需求,自认为自己的产品多而全,结果什么也没有卖出去……

第二个小贩有两个地方比第一个小贩聪明,一是他第一个问题问得比第一个小贩高明,二是当他探寻出客户的基本需求后,并没有马上推荐商品,而是进一步纵深挖掘客户需求。当明确了客户的需求后,他推荐了对口的商品,很自然地取得了成功……

第三个小贩是一个销售专家。他的销售过程非常专业,他首先探寻出客户深层次需求,然后再激发客户解决需求的欲望,最后推荐合适的商品满足客户需求。他的销售过程主要分为六步:第一步,探寻客户基本需求;第二步,通过纵深提问挖掘需求背后的原因;第三步,激发客户需求;第四步,引导客户解决问题;第五步,抛出解决方案;第六步,成交之后与客户建立客情关系。

在我们的日常工作中,很多客户经理就如第一个小贩那样在销售产品,整个过程缺少了发掘客户需求的环节,结果就是在客户一次次不满意的情况下,被动地罗列、堆砌自己的理财产品。

第一节 何谓需求

一、需求的定义

经济学中,需求是指在一定的时期,在一既定的价格水平下,消费者愿意并且能够购买的商品数量。在营销学中,需求＝购买欲望＋购买力,简单地说就是客户期望和现状之间的差距(见图4)。

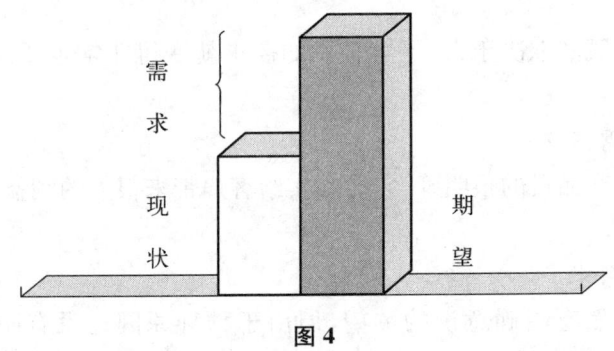

图 4

二、需求与期望

做为客户经理,我们往往会把客户的期望和需求的概念等同。通过图 4 发现,期望是客户目前条件下无法满足,但又希望达成的欲望,而需求则是客户的期望和目前现状下的差距。

譬如,一位准备买房的客户,他有现金 200 万元,看中了一套价值 350 万元的商品房。客户对客户经理说:"我想要买套 350 万元的房子,贵银行能否提供相关业务?"过去,我们的客户经理往往会认为客户的需求就是买 350 万元的商品房。通过需求的定义,现在可以理解 350 万元的房子只是客户的内心期望,而客户真实的需求是希望银行能提供房贷按揭业务,帮助其补足 150 万元的缺口。

第二节　客户需求的两个层次

> 公司的成功不取决于生产,而取决于客户
> ——[美国]现代管理学之父彼得·德鲁克

一、基本需求与潜在需求

销售的成功既然取决于人,了解客户的需求就变得非常重要。客户的需求一般分为两个层次:

（一）基本需求

指消费者对产品目的很明确,它能确实给客户带来很大的利益,帮助其解决现有问题。

（二）潜在需求

指消费者虽然有明确意识的欲望,但由于种种原因还没有明确显示出来的需求。

对于"基本需求",表明客户的需求已经非常明确而迫切,客户经理只要根据客户需求提供能满足客户期望帮助其解决问题的产品即可。

而一个优秀的客户经理真正要做到的是如何提高"潜在需求"的层次,深层发掘、引导客户的"潜在需求",使之成为客户的"基本需求"。在消费者的购买行为中,大部分需求是由消费者的潜在需求引起的。因此,企业要想在激烈的市场竞争中取胜,不但要着眼于显现需求,更应捕捉市场的潜在需求,进而采取行之有效的开发措施。

小贩卖李的案例告诉:我们第三个小贩获悉老太太表面是要买酸李子,但是她的潜在需求是要一个健康的大胖孙子,她的潜在需求与外在表现出的需求的连接理由是"最近我儿媳妇怀上孩子啦,特别喜欢吃酸李子"。为了潜在需求的达到而对儿媳妇的要求百依百顺。一个优秀的营销人员就是要学会把客户的潜在需求通过外表找出内因,从而引导客户到自己的产品中去。

二、潜在需求的类型

（一）购买力不足型的潜在需求

这是指市场上某种商品已现实存在，消费者有购买欲望但因购买力一时受到限制而不能实现，使得购买行为处于潜在状态。这种类型的商品多是高档耐用消费品，如住宅、汽车等。

（二）适销商品短缺型的潜在需求

这是指由于市场上现有商品并不符合消费者需要，消费者处于待购状态，一旦有了适销商品，购买行为随之发生。

（三）对商品不熟悉型的潜在需求

这是指由于消费者对某一商品不了解、甚至根本不知道，而使消费需求处于潜伏状态。

（四）市场竞争倾向型的潜在需求

这是指由于生产厂家很多，同类商品市场竞争激烈，消费者选择性强，在未选定之前，对某一个企业的产品而言，这种需求处于潜伏状态。

三、潜在需求的特点

（一）主观性

潜在需求的本质是一种心理活动，是消费者受某种生理或心理因素影响而产生的与周围环境的不平衡状态，存在于潜意识之中。

（二）并存性

由于是心理活动，所以潜在需求形态不具有显现需求的严格指向性。它既可能是生理层次的潜在需求，也可能是自我实现层次上的潜在需求，更多的还是两者或多者的并存。在一定时期，某种潜在需求占据主要地位。

（三）转化性

潜在需求的实现过程为：潜在需求导致购买动机——购买行为——需求满足——新的潜在需求。这种转化是在潜在需求和基本需求间发生的。

第三节 为什么要发掘需求

> 学会了解人,知道别人所需,永远是制造商的任务。
> ——奔驰公司总裁赫尔米特·沃纳

面对市场竞争的压力,许多企业产生出"以市场为中心"和"以客户需求为导向"的市场营销观念。索尼公司的创始之一盛田昭夫为了把公司的新产品收音机推到美国,居然举家迁到纽约,以便了解美国人,开拓美国市场;日本"佐川快运公司"的创始人佐川清从自己当搬运工的血汗经验中体会和制定了公司的"客户随叫随到"的原则,从而使这一个小公司一跃成为日本最大的运输公司。

一、了解客户

(一)了解客户才能知道客户的需求

以上事例告诉我们,做为一名优秀的客户经理,不要急于向客户介绍产品,而应该先学会了解客户,知道客户的所需。当一个客户急需买房而钱不够的时候,银行的营销人员给他介绍基金、保险或投资收益颇高的理财产品是否有用?这就好比一个胃痛的患者到医院看病,结果医生给了他治疗头痛的处方,哪怕这个处方再好,可是对这个病人来说却无济于事一样的道理。

(二)不了解客户的需求就难以得到客户的认同

在日常生活中,人们会发现有许多勤奋而刻苦的销售员,他们有明确的业绩目标,每天花大量的时间来背有关产品的知识和销售的技巧。但是,他们却往往得不到客户的认同,完不成自己的业绩目标。他们的失败原因在于不了解客户的需求,在每一个客户面前都使用那些千篇一律的套词,结果当然可想而知了。所以在银行销售中,要发掘出客户的需求才能做到有的放矢,行之有效!

二、发掘客户

(一)以客户为中心

发掘客户的需求就是要以客户为中心,我们所设计和销售的产品都要围绕着客户的喜好进行。早在20世纪七八十年代,日本的电子商品市场在全球的份额是世界第一,每一个年轻人都以拥有一件日本生产的电子产品为荣。可是现在,日本的电子产品的销售额却日落江河,这是什么原因造成的呢?其实目前,日本电子产品的硬件技术仍是世界一流的:电子书阅读器,平面电视,智能手机都是日本先推出的,它们缺少的是站在客户角度看问题,没有从客户需求出发设计产品。他们总以为技术是硬道理,反而忽略了客户的感受和人文的关怀,和苹果、三星相比,他们的设计更像一块冰冷的硬铁。所以看看日本几家大型电子厂商,它们的市值与20世纪80年代巅峰时期的相比,蒸发了将近三分之二,三星公司的股价是索尼、松下、夏普总和的3倍。

(二)按需而动

了解到客户需求的真谛,我们就能理解客户的自身特性不同以及所处的人生阶段不同,他们将产生各种不同的需求。从少年、青年、中年直到老年,每个客户对自己的财务安排会不尽相同,客户经理将根据客户的不同风险偏好,聚焦客户不同的人生阶段,为客户合理安排财务规划进行产品销售。

第四节 如何发掘客户需求

世界营销大师菲利普·科特勒曾说:"优秀的企业满足需求,伟大的企业创造需求。"既然要创造需求,一定需要我们用一些方法和技巧引导客户从无所谓的状态转化成非常想要的迫切感。

需求是沟通出来的,不是自己想出来的。别人有什么需求,永远不是自己拍脑袋就能知道的。一个优秀的客户经理善于利用提问和倾听来发掘客户的需求。

一、提问

> 销售专业中最重要的字就是"问"。
> ——[美国]世界顶级咨询师、个人成功领域专家博恩·崔西

一名优秀的客户经理的销售业绩与他的提问能力一定是成正比的。

（一）提问的好处

(1) 有利于把握客户的需求；
(2) 有利于与客户建立良好关系；
(3) 有利于掌控谈话进程；
(4) 有利于减少与客户之间的误解。

> **客户经理**：我们这款理财产品保本又保息，这款产品非常适合您。
> **客户**：它的利率是多少？
> **客户经理**：4.5%。
> **客户**：那么低？
> **客户经理**：可是我们上个月发布的相同产品只有4.2%，这次已经高了哦。
> **客户**：可其他银行的类似产品是4.8%哦。

案例分析：在这个谈话过程中，谁掌控了话题？很显然，在这段对话中，客户掌控了谈话的过程，客户经理陷入了客户以利率为主题的被动中。客户经理被客户的一个接一个的问题给问住了，不但无法进行需求的发掘，也无法进行后面的销售步骤。

> **客户经理**：我们这款理财产品保本又保息，这款产品非常适合您。
> **客户**：它的利率是多少？
> **客户经理**：您认为怎样的利率才合适呢？
> **客户**：至少要比银行存款利率要高吧，也许要高个50%！
> **客户经理**：我理解您的想法，每个人都希望利率高些，那您认为收益和风险是怎样的关系呢？
> **客户**：高风险高收益，低风险低收益，每个人都知道这个道理。
> **客户经理**：您希望您买的理财产品是高风险还是低风险呢？
> **客户**：当然是保本了。
> **客户经理**：您看，我行现在推出的这款理财产品就能满足您保本的需求，同时利率4.5%，高出银行同期存款利率50%以上，非常适合您。

案例分析：在这段谈话过程中，谁掌控了话题？很显然，在对话中，客户经理充分利用了反问技巧化被动为主动，最终发掘了客户需求，并引导客户购买产品。

（二）一般提问的方式

提问有很多好处，但是正确掌握提问的技巧也是一门艺术。曾经有位客户经理在和客户沟通过程中有过以下的情形：

客户经理："李先生，您好！非常感谢您百忙中能抽出时间来我行见面，为了能够更好地为您打理财务，我想了解一下您的状况。请问，您对我行了解吗？"

李先生："我是你们银行的老客户了，经常来你们网点办理业务。"

客户经理："那您对我行的理财产品了解吗？"

李先生："不是太清楚，平时工作比较忙，办完业务就马上走了。"

客户经理："我想了解一下您目前的财务情况，您之前做过一些理财投资吗？"

李先生："嗯。"

客户经理："您是否买过股票？"

李先生："是。"

客户经理："您是否买过基金？"

李先生："是。"

客户经理："您是否尝试过保险？"

李先生："没有。"

客户经理："您名下有房产吗？"

李先生："有。"

客户经理："有几套呢？"

李先生："3套。"

客户经理："您结婚了吗？"

李先生："嗯。"

客户经理："孩子多大？"

……

案例分析：如果这位客户经理以此方式继续问下去，会造成什么后果呢？客户会感觉自己在接受审讯，对方在探究自己的隐私，没有一位客户愿意在这样的状态下和销售人员打交道的。为什么会造成这样的感觉呢？是因为这位客户经理利用了太多的"封闭式"问题。

一般提问有两种方式：

1. 封闭式问题

直接给出问题的可能答案或全部答案，让客户从中选出自己所同意的答案，用于确认事实和客户想法。答案为"是"或"否"，或是客观事实，如：

——您是否满意我行的服务？

——王太太，天下做母亲的哪有不疼爱自己孩子的，您说是吗？

2. 开放式问题

让客户充分阐述自己的意见、看法及陈述事实，用于了解客户的期望目标和考虑的因素，如：

——张先生，很多人觉得现在的经济环境不适合投资股票，我想听听您的意见？

——赵女士，我想听听您对银行理财产品的看法？

（三）橄榄法则

封闭式问题明确、简单，但答案有限、封闭，所以如仅仅使用封闭式问题，我们会难以找到真正的答案，而且易给人造成咄咄逼人的压迫感。

开放式的问题能够帮助自己获得客户主观的想法，帮助自己更透彻地了解客户的感觉、动机和顾虑，客户由此会让你接近他们的内心世界，使你有机会销售成功，但是开放式问题也经常容易跑题，影响销售效率。因此我们要结合使用以上两种提问方式来发掘客户需求——橄榄法则。

1. 橄榄法则的构成

封闭式问题——了解客户现状

开放式问题——了解客户期望，将客户的现状和期望比较，以发掘客户的需求

开放式问题——针对客户的需求深入探讨

封闭式问题——确认对客户需求的理解

封闭式问题——明确客户的需求

因为该法则的头和尾都是封闭式问题，相对于中间庞大的开放式回答，该组合形状类似于橄榄，所以称为橄榄法则。

2. 利用橄榄法则进行提问时，应该注意的原则

（1）对客户需求的了解要清晰。

清晰是指要获悉客户真正的需求，不能加入自己的想象和猜测，否则会产生误会。清晰原则还要求客户经理必须充分了解客户需求的背景、重要程度等，这将有助于客户经理有针对性地评判客户的需求。

（2）对客户需求的了解要完整。

有时很多客户经理因为指标压力，太过于关心自己的产品，在刚了解了客户的某些需求之后，马上就进行产品的介绍，从而忽视了客户可能存在的其他需求，包括无法开发客户的潜在需求。

（3）用真诚的心与客户达成共识。

在整个销售过程中要树立客户为中心的理念，为客户着想，从而达成相同的认识。陌生人之间的沟通总是会有障碍感，客户很难把自己所有的信息都告知给销售人员。客户经理最好的方法就是与客户建立共同的语言平台，站在客户的角度真诚地与客户沟通，双方才能较容易地达成共识。

开场白	**客户经理**：张先生，您好。很高兴见到您，我是我们支行的客户经理×××，昨天和您通过电话。很感谢您能抽时间到我们银行来。这是我的名片。 **客户**：谢谢。我手头有些闲钱，你能不能帮我看看怎么投资？
利用【封闭式问题】识别现状	**客户经理**：我想先了解一下您的投资情况，好吗？这样我才能为您推荐最适合您的产品。 **客户**：可以。 **客户经理**：您目前有没有股票、基金等金融资产方面的投资？ **客户**：没有。 **客户经理**：您过去有没有做过这方面的投资？ **客户**：我以前炒过股票，大概是在2009年和2010年，亏了一些。
利用【开放式问题】了解期望	**客户经理**：是吗？您方不方便讲一些具体情况？ **客户**：2008年听朋友说炒股容易，很赚钱，我陆续投了些钱，开始还行，后来因为自己生意上比较忙，没精力处理股票，也没时间打理，后来放在那里就亏了。
利用【开放式问题】深入探讨	**客户经理**：您从这次经历中有些什么心得呢？ **客户**：没心得，有教训。现在国内通货膨胀厉害，钱越来越不值钱，原希望通过自己投资实现高收益，可人的精力真的十分有限，实在没有时间打理自己的资产，要是有人帮我理财就好了。

续 表

利用【封闭式问题】确认理解	**客户经理**：您的意思是您仍喜欢股票这类风险高的投资，但限于个人时间和精力原因，现在更倾向于委托专家来理财？ **客户**：是的。
利用【封闭式问题】明确需求	**客户经理**：好的，根据我们刚才的沟通，您需要的是委托专家为您理财，从而省去您打理资产的时间，并能通过承受一定风险希望得到高收益的理财产品，对吗？ **客户**：是的。

二、倾听

（一）有效倾听

有效倾听是成功销售最重要的技巧。要想了解客户到底在想什么，我们首先必须学会做一个好听众。孔子曾说："听其言而观其行。"一名顶尖的客户经理会把大部分的时间用在倾听上。

> 销：我们现在代理世博门票的团体销售了，你们单位不订一些吗？
> 客：我们单位要增加人员了。
> 销：绝对千载难逢的机会，和奥运会一样难得。
> 客：我们的行业没有受金融危机的影响，又要招聘人员，要扩大规模了。
> 销：您可以把门票当成给员工的奖励。
> 客：这不是工资卡。
> 销：工资卡？在世博会上？
> 客：我说得话你听进去了吗？
> 销：我当然听见了，我受过正规训练。
> 客：我说什么了？
> 销：哦，金融危机影响上海……
> 客：不，我们要办员工卡，因为我们又扩大规模了。
> 销：喔，你怎么不早说。
> 客：我一直在说。再见！

案例分析：这名销售人员不成功的原因在哪里？倾听是联系情感的纽带，如果销售人员不停地推销自己的产品，而忽视了客户的需求和情感，往往会给客户造成只是一味推销的不良感觉。客户希望的销售氛围是，销售人员能够带着真诚的心，为其提供适合自己的产品。在这样的氛围里，客户才容易降低戒备心，充分说出自己内心的期望，有利销售人员发掘客户更多需求，同时也利于产品的介绍和销售。

（二）不良的倾听习惯

通过案例，我们知道倾听在银行销售中非常重要。在我们的销售工作中，有很多好的倾听习惯，也有一些不良的倾听习惯：

（1）打断客户的说话；
（2）经常改变话题；
（3）抑制不住个人的偏见；
（4）评论客户而不关心客户所发表的意见；
（5）贬低客户；
（6）在头脑中预想客户的话语；
（7）当客户还在说话时就想如何进行回答；
（8）使用情绪化的言辞；
（9）急于下结论；
（10）显得不耐心；
（11）注意力分散；
（12）假装注意力很集中；
（13）回避眼神交流；
（14）双眉紧蹙、神情茫然、姿势僵硬；
（15）不停地抬腕看表。

这些不良的倾听习惯，会造成销售人员与客户的沟通阴影，客户是不愿意和我们交往在一起的。沟通是销售的关键因素，没有沟通我们就无法了解客户需求，无法介绍产品，也无法说服客户购买产品。因此，我们要学会良好的倾听习惯，让客户充分表达观点和意见，以便销售人员能从中捕捉重要的有价值的信息。

三、良好的沟通习惯

每天我们都在以各种方式进行沟通，我们交流思想、情感、期望、生活、工作，交流欢乐、痛苦、高兴,不论是简单的或是复杂的,有意的或是无意的,有计划的或是无计划的,积极的或消极的,沟通是实现我们的目标,满足我们的需要的重要工具之一。沟通反映了我们的能力和自信,它会影响我们的工作效率以及别人对我们的评价,所以我们要有一个良好的沟通习惯。

(一)抗拒分神

外在和内在的干扰,是妨碍倾听的主要因素,外在的分神包括看到、听到不相关的事情;内在的分神则是指心思飞到无关的事情上。假如对说话的内容不感兴趣,就很容易会分神,所以必须设法与说话者一起投入。因此要改进聆听技巧的首要方法就是尽可能地消除干扰。必须把注意力完全放在对方的身上,才能掌握对方的肢体语言,明白对方说了什么、没说什么,以及对方的话所代表的感觉与意义。

(二)鼓励对方先开口

首先,倾听别人说话本来就是一种礼貌,愿意听表示我们愿意客观地考虑别人的看法,这会让说话的人觉得我们很尊重他的意见,有助于我们建立融洽的关系,彼此接纳。

其次,鼓励对方先开口可以降低谈话中的竞争意味。我们的倾听可以培养开放的气氛,有助于彼此交换意见。说话的人由于不必担心竞争的压力,也可以专心掌握重点,不必忙着为自己的矛盾之处寻找遁词。

第三,对方先提出他的看法,你就有机会在表达自己的意见之前,掌握双方意见一致之处。倾听可以使对方更加愿意接纳你的意见,让你再说话的时候,更容易说服对方。

(三)非必要时,避免打断他人的谈话

善于听别人说话的人不会因为自己想强调一些细枝末节、想修正对方话中一些无关紧要的部分、想突然转变话题,或者想说完一句刚刚没说完的话,就随便打断对方的话。经常打断别人说话就表示我们不善于听人说话,个性激进、礼貌不周,很难和人沟通。

虽然说打断别人的话是一种不礼貌的行为,但是如果是"乒乓效应"则是例外。所谓的"乒乓效应"是指听人说话的一方要适时地提出许多切中要点的问题或发表一些意见、感想,来响应对方的说法。还有一旦听漏了一些地方,或者是不懂的时候,要在对方的话暂时告一段落时,迅速地提出疑问。

表示在认真倾听的肢体语言包括:

自然的微笑。微笑是真诚的表现,易于消除和客户之间的隔阂;

身体稍微前倾,不要交叉双臂,手不要放在脸上,这是对客户的尊重;

关注对方的眼睛,代表正积极地听取客户的观点;

点头是向客户表明"我正在倾听",并认同谈话观点。

(四) 使用并观察肢体语言

当我们在和人谈话的时候,即使我们还没开口,我们内心的感觉,就已经通过肢体语言清清楚楚地表现出来了。听话者如果态度封闭或冷淡,说话者很自然地就会特别在意自已的一举一动,比较不愿意敞开心胸。从另一方面来说,如果听话的人态度开放、很感兴趣,那就表示他愿意接纳对方,很想了解对方的想法,说话的人就会受到鼓舞。

(五) 掌握倾听的方式

1. 听取关键词

所谓的关键词,指的是描绘具体事实的字眼,这些字眼透露出某些讯息,同时也显示出对方的兴趣和情绪。透过关键词,可以看出对方喜欢的话题,以及说话者对人的信任。

另外找出对方言语中的关键词,也可以帮助我们决定如何响应对方的说法。我们只要在自己提出来的问题或感想中,加入对方所说过的关键内容,对方就可以感觉到你对他所说的话很感兴趣或者很关心。

2. 寻找重点或中心概念,而略过细节

优秀的倾听者会利用快速思考来处理所听到的讯息,经过一连串感觉、解释、评价、摘要的动作,找出其中的说话目的、关键词及概念,以确定说话者的中心主题或主要论点,而不会花心思在辅助性的细节上。

光听事实或字面意义,很容易被误导,例如"这次基金销售任务很重要,每个人必须要梳理自己的客户,努力在既定时间完成任务,假如没有完成任务,我会让你走路……",这些话的重点在于"基金销售任务很重要",假如你只听到"我要被开除了"这种负面讯息,接下来你就会开始防卫,沟通就会偏离正轨。找出讯息背后的真正意义,才能有效沟通。

3. 反应式倾听

反应式倾听指的是重述刚刚所听到的话,这是一种很重要的沟通技巧。我们的反应可以让对方知道我们一直在听他说话,而且也听懂了他所说的话。但是反应式倾听不是像鹦鹉一样,对方说什么你就说什么,而是应该用自己的话,简要地述说对方的重点。比如说"您说您曾经投资股票?我想您在理财上也有一定经验吧"。反应式倾听的好处主要是让对方觉得自己很重要，能够掌握对方谈话的重点，让对话不至于中断。

4. 弄清楚各种暗示

很多人都不敢直接说出自己真正的想法和感觉，他们往往会运用一些叙述或疑问，百般暗示，来表达自己内心的看法和感受。但是这种暗示性的说法有碍沟通，因为如果遇到不良的听众，他们话中的用意和内容往往被人所误解，最后就可能会导致双方的失言或引发言语上的冲突。所以一旦遇到暗示性强烈的话，就应该鼓励说话的人把话再说得清楚一点。

找出重点，并且把注意力集中在重点上。讨论问题的细节也许很有趣，可是找出对方谈话中的重点，并且把注意力集中在重点上，这样我们才比较容易从对方的观点了解整个问题。只要我们不再注意各种细枝末节，就不会因为没听到对方言语中的重点或是错过主要的内容，而浪费了宝贵的时间，或是做出错误的假设。

5. 暗中回顾，提炼重点，得出结论

当我们和人谈话的时候，我们通常都会有几秒钟的时间，可以在心里回顾一下对方的话，整理出其中的重点所在。我们必须删去无关紧要的细节，把注意力集中在对方想说的重点和对方主要的想法上，并且在心中熟记这些重点和想法。

暗中回顾并整理出重点，也可以帮助我们继续提出问题。如果我们能指出对方有些地方话只说到一半或者语焉不详，说话的人就知道，我们一直都在听他讲话，而且我们也很努力地想完全了解他的话。如果我们不太确定对方比较重视那些重点或想法，就可以利用询问的方式，来让他知道我们对谈话的内容有所注意。

6. 接受说话者的观点

如果我们无法接受说话者的观点，那我们可能会错过很多机会，而且无法和对方建立融洽的关系。就算是说话的人对事情的看法与感受，甚至所得到的结论都和我们不同，他们还是可以坚持自己的看法、结论和感受。尊重说话者的观点，可以让对方了解，我们一直在听，而且我们也听懂了他所说的话，虽然我们不一定同意他的观点，我们还是很尊重他的想法。若是我们一直无法接受对方的观点，我们就很难和对方彼此接纳，或共同建立融洽的关系。除此之外，也能够帮助说话者建立自信，使他更能够接受别人不同的意见。

7. 记录

做记录不但有助于倾听，而且有集中话题并取悦对方的优点，同时事后可以回去整理,不会遗漏任何客户的信息。试想,如果有人重视你说话的内容并做记录,你难道不会感觉受宠若惊吗?

8. 有效重复

当客户说完一段之后,我们可以用自己的话重新叙述。譬如,"您说的意思是……对吗"?"我觉得您刚才说的是……"。有效重复一方面让客户经理检查自己是否认真倾听,如果思想没有集中倾听客户诉说,一定不能准确地叙述完整的内容;另一方面,也是种精确的控制机制,通过重复叙述检验自己的理解是否就是客户的观点或想法。

四、案例分析

(李建:客户经理,热情开朗,具备初级专业知识和销售技能。)

(客户:王先生,某外资企业白领,孩子在美国读书。)

李建:王先生您好,欢迎您来我行进行业务咨询,我是我行的个人客户经理李建,这是我的名片。

王先生:谢谢。你们网点可真气派,比其他银行的网点大多了。

李建:是啊,我们的网点不仅大,而且业务品种多,服务也是本系统内一流的,非常欢迎您来我行享受我们的优质服务。您这次来是希望我们能为您提供什么帮助呢?

王先生:这次我来贵行是想咨询关于外汇兑换的事情,我手上有日元想兑换美元,平时我的工作非常忙,没有时间来银行办理外汇兑换,可我经常需要把日元换成美元,有时看到汇率非常合适,却因为没有时间前来网点办理而懊恼。

李建:哦,是这样啊,您的意思我明白了。我来给您介绍下我行的"兑换宝"业务,它可以进行电话委托和网上操作,不仅可以实时了解兑换牌价,还可以轻而易举下单进行兑换操作。

王先生:可是……

李建:您是不是觉得网上没有操作过,不知道如何使用"兑换宝"功能?没关系,我们有专门的小册子提供给您,简单易懂。

王先生:不是,我想说的是……

> 李建：您是不是觉得网上使用不太安全，很多刚使用该产品的客户其实开始都有和您相同的看法，但是使用之后就知道它很安全，所以您不必担心。
>
> 王先生：李经理，听你介绍，"兑换宝"业务确实可以让我不用跑银行了，它的特点我也有了一些了解，其他银行听说也有类似业务，我想说……
>
> 李建：您是不是想说我们的"兑换宝"和其他银行有什么区别和特点吧？我们银行的这个业务是24小时全天候的，您可以在一天里的任何时间进行兑换，而且兑换币种也很齐全。
>
> 王先生：对不起，这不是我关心的。我的工资一部分是日元，想在合适的汇率前提下兑换成美元，然后寄给我在美国读书的孩子。看来，我得到其他银行再咨询下了。
>
> 李建：啊，我还以为您刚才说经常换外币是为了通过货币兑换赚取差价呢！

案例分析：为什么热情介绍产品的李建以失败告终呢？通过该案例，我们发现李建失败在以下几点：

（1）没有充分利用橄榄法则了解客户的需求。从头至尾，李建总是在不断向客户介绍产品的特点，试图通过产品的特点吸引客户的注意力，忽视了客户到银行的真正目的是什么。没有提问，就无法了解客户的现状和期望，也就无法发掘客户内心的需求。

（2）美国著名的人际关系学家戴尔·卡内基说过，"要做一个好听众，鼓励别人说说他自己"。而李建却总是自作聪明地不时打断客户的说话，头脑中不断预想客户的话题，这样做的结果一方面会让客户产生客户经理不尊重自己的印象；另一方面因为打断客户的说话，也由此失去了客户想表达的重要信息。

（3）该案例客户王先生的基本需求是把日元在合适的汇率前提下快速兑换成美元，寄给在美国读书的孩子。当然还有一些潜在的需求，譬如"我的工资一部分是日元"，这个信息告诉我们王先生持有大量的日元。如果李建在发掘完成客户的基本需求后，能关注到客户的这一信息，我们还可以进行深度发掘，让王先生对日元利率太低无法抵制通货膨胀的客观事实产生忧虑造成心理危机，从而鼓励客户办理外汇买卖赢取差价或利用专家理财购买外汇的理财产品等，把客户的潜在需求开发成必须的基本需求。

第二章 发掘需求

发掘需求是销售过程中最重要的环节,在客户经理与客户沟通攀谈过程中,一般都是客户经理发现了客户的需求,而客户本身却未发现自己的潜在问题,这个阶段客户经理应该帮助客户把潜在需求开发成基本需求,从而创造价值。

在发掘客户需求的过程里,我们要学会利用橄榄法原则,学会合适的提问和正确的倾听,用一颗真诚的心对待客户。在这个世界上,销售人员用什么去拨动客户的心弦?有人以思维敏捷、逻辑周密的雄辩使人信服;有人以声情并茂、慷慨激昂的陈词去动人心扉。但是,这些都是形式问题。在任何时间、任何地点,去说服任何人,始终起作用的因素只有一个:那就是真诚!用真诚打开客户心扉,了解他们的需求。

 **思考题**

1. 聚焦客户不同人生阶段,发掘客户不同人生需求,当客户处在下列人生阶段时,做为一名客户经理该如何引导、开发客户的需求?不同的人生阶段应该配套哪些合适的财务需求?

人生阶段	财务需求
踏入社会,开始工作	储蓄、投资、住房贷款、教育金、投资计划、孝养金、退休养老金、税务规划、保险基金、医疗费用、丧葬费用、资产处置、工作保障、财务规划
结婚	
步入中年	
失业	
丧偶	
退休	

2. 假如你是一位客户经理,你接待的是一位私企业主。他在当地开设了8家五金连锁卖场。因为工作忙碌而无暇打理资金,在理财方面出现以下问题:

(1) 生活费用和投资资金不分;

(2) 做为私企业主,具有投资理念,但对眼下的投资理财了解不多;

(3) 由于平时无暇顾及资金管理,该男士经常因为信用卡透支被罚息几千元。对此,该男士希望有可靠的银行客户经理为他打理财产。

你得知此消息后,希望能和该先生建立关系,帮他理财。

➢ 假设你和客户已预约面谈,请使用橄榄法则发掘客户的一个需求。

在发掘客户需求的过程中请检查以下内容

客户经理有没有	客户有没有
使用封闭式问题?	具体清晰说明了现状?
使用开放式问题?	充分表达自己的期望?
利用开放式问题进一步引导?	表达了一个需求?
利用封闭式问题确认客户需求?	解释了这个需求的影响?

➢ 当你通过橄榄法则发掘了客户的一个需求并明确之后,请写下另一个开放式问题,使用这个问题来发掘其他需求。

第三章

推介产品

> 在购买时,你可以用任何语言;但在销售时,你必须使用购买者的语言。
> ——[美国]美国前教育部长玛格丽特·斯佩林斯

为什么客户经理及时发掘了客户需求,客户对我们的产品仍不买账?为什么当我们已经了解了客户需求时,客户仍不会下手购买我们的产品?很多时候因为我们没有用客户的语言打动客户的内心,这就是因为在介绍产品前我们没有做好足够的销售准备。

大多数银行销售人员刚接触一个新产品,为了急于获得销售业绩,考虑最多的是客户在哪里?怎样能签到大单?而忽略了对产品本身的了解和市场的分析。长久下去,形成了习惯,业务总是做的不温不火,虽然,每天也很努力,但就是不能取得非常优异的销售业绩,结果自己也始终找不到原因。古人说:磨刀不误砍柴工,就是这个道理。

很多银行销售人员,普遍存在的是缺乏主动了解产品的激情,对产品的价格体系不做市场的对比,对客户缺少真实的了解等等,从而造成了销售业绩不佳的结果。

第一节 销售前的准备

一、了解行业信息

(1) 经常阅读与本行业相关的书籍。只有充分了解自己的行业,客户才容易把他们当做顾问。

（2）参加与本行业相关的交流会和探讨会，获取更多的信息。譬如，当了解到在世界金融环境恶化，经济不景气的情况下，整个行业重心偏向风险小的中间业务时，我们就应多关注个人金融业务，优先占领市场、抢得客户资源。同时，通过交流会和探讨会也能够了解客户的重点需求分布。

（3）及时从报刊、杂志或者研究报告上获得有关行业法规、技术、客户以及经济形势等信息。

二、了解本公司各方面的情况

当市场上存在很多相似竞争产品时，客户常常是根据公司声誉来选择购买。对本公司情况深入、准确的了解，可以对客户进行有效说服。

（一）了解公司历史

销售人员要努力向客户介绍过去的业绩和光辉历史，以此显示公司的专业水平及产品质量。

（二）了解公司的财务状况

如有良好的资产负债平衡表，表明公司财务状况良好，公司处于健康状态，客户也就没有后顾之忧了。

（三）了解公司的管理状况

把公司的管理规划和高层活动告诉客户，客户也许会因为这些最新报道而对公司产生好感。

（四）了解公司规模以及相关政策

洽谈中，巧妙地将信息穿插在介绍产品的过程中，有利产品销售的最后促成。

三、熟悉产品功能

（一）熟悉产品功能是销售人员的必备素质

客户在发生购买行为之前，总是会犹豫彷徨，客户希望面对一个专业的销售人员，通过全面的讲解排除疑惑，让自己更有信心购买产品。如果当客户面对一个陌生的产品提出心中不解，希望销售人员通过专业的知识来说明产品功能时，销售人员自己都无法进行解释，客户又如何会相信这个产品呢？

（二）熟悉产品功能才能为客户进行"量体裁衣"的个性化设计

现代商业银行营销已经从单一标准化产品提供，发展为为客户设计个性化的金融服务方案，为客户提供切实的价值增值，通过优质服务获取忠实客户，最终达到银行利润最大化目的。

（三）产品的知识和特点也需灵活运用

很多客户经理认为只要懂得产品的一些基础知识，能给客户说清楚，就算掌握了产品知识，就能做好业务。这样的认识是错误的。还有的客户经理产品专业知识掌握得很棒，讲起来引经据典，滔滔不绝，可就是无法说服客户。其中的原因就是不能用市场化的语言来介绍产品。产品知识本身是为客户经理自己准备的，有些知识很专业，这就需要我们如何用市场化的语言使之更生动，让客户不仅能听懂我们想说的话，而且听了之后能产生购买的欲望。产品的价值在于它对客户提供的效用，专精产品知识不只是静态地熟记产品的特征与特性，而是一个动态的过程，所以要不断熟悉和产品相关的各种信息，从积累的信息中筛选出能对客户产生最大效用，最能满足客户的需求。譬如：我们销售理财产品，对理财产品本身的知识是要有一个了解，但结合产品知识挖出产品的卖点，帮助客户解决需求更重要。因此，产品知识的市场化要做到：

1. 产品知识通俗化

有很多业务员在谈产品时，不知道把专业的产品知识通俗化，结果讲了半天，客户听不懂。

2. 产品知识标准化

要在谈到产品时，形成一套标准的介绍产品的语言，既要生动又要形象，让客户很快就能明白。

3. 卖点突出化

一定要找到自己产品和同类产品的不同之处，强化自己产品的卖点，让客户感觉该产品更适合自己的需求。

四、了解竞争对手信息

"凡事预则立，不预则废。"一个优秀的客户经理不光要对自己的公司和产品了解得细致入微，对竞争对手也要全面地了解，这样才能知己知彼、百战不殆。

竞争对手做为市场的一分子是我们日常要面对的，我们与他们之间的关系虽然是竞争，但有时也可以合作，有时还可以是互相利用。如果把他们的情况了解透彻，对我们的销售工作一定会有帮助。如：温州市的323家低压电器公司联合起来，先后在全国320多个大中城市、230个县级行政区设立统一销售的子公司、分公司和门市部，在18个国家、地区开设直销点和销售公司53个，既避免了相互残杀,又开拓了市场,并树立了企业形象。

(一) 了解竞争对手的基本信息(见表1)

表1 竞争对手基本信息内容

	内　　容	目　　的
了解竞争对手的背景	老板是谁 企业规模 在行业中所占的份额 每年的目标和策略 主要业务由哪些构成……	判断对方经营业绩的情况,了解对方优势及特点
了解竞争对手的产品	主打产品 产品的结构、特色和亮点 产品利率如何,与自己银行的利率有何差别 是否发布新的产品	扬长避短,有针对性地向客户介绍自己银行的产品
了解竞争对手的促销方式	是否送小礼品 利率是否优惠 手续费是否优惠 促销广告 其他促销手段	避免处于被动局面,可以做到有的放矢
了解竞争对手的服务	网点服务 售后服务	认清自己的不足,做到取长补短

(二) 了解竞争对手的渠道

1. 从客户那里获得

可以通过直接询问客户,让他们谈谈对竞争对手产品和服务的感受,从而直接了解;也可以通过客户办公室或居所是否有摆放对方宣传品来侧面了解。

2. 从竞争者处了解

通过对手的网站了解更多对方公司的政策、规模、产品、优惠措施等相关信息,也可以通过到对手网点索取宣传折页、公司介绍获得对手相关信息。

3. 从报纸、杂志、网络上获取

关注竞争对手的新闻、雇佣情况、新产品发布、优惠措施及条件等。

4. 从同行间获悉

从同行间获悉竞争对手的最新业务开展情况及新的战略动向。

5. 从广告和展会上了解

因为对手会在广告和展会上强调自身产品的特点和优势。

我们对客户了解的越多,我们的准备工作就越充分,我们可以利用了解到的信息来给自己的市场定位,同时学习竞争对手的优点,找出自己的不足,在介绍产品的时候可以有的放矢、游刃有余。

五、了解目标客户

当被问起,什么才是决定销售成功的关键。有些人会回答,是丰富的产品知识;有些人会说,是良好的心态;有些人会说,是对市场的全面了解;也有些人会说,是高超的销售技巧;更有人会说,是虚心学习的态度和坚强的意志力。也许这些都是成功的关键因素,但如果缺少了唯一的"客户",那一切都将成空。销售最关键的因素就是客户,现代管理学之父彼得·德鲁克说过,公司的成功不取决于生产,而是取决于客户。当我们想客户所想的时候,销售就开始变得容易。

(一)划分客户

我们要了解自己的目标客户,首先要学会划分客户,使客户群体明确化。很多客户经理由于寻找客户的方向不正确,而浪费了很多时间。选择客户方向应该由易到难,由简单到繁琐,由小到大,由主流渠道到边缘渠道。

1. 根据风险偏好不同划分(见表2)

表2 风险厌恶型、风险喜好型客户的特征表现

类 型	表 现	适合的产品
风险厌恶型	对风险高的产品有抗拒性,偏好保本类型的产品	存款、国债、保险、保本型理财产品等
风险喜好型	喜欢高风险高收益,以追逐高收益为主	基金、股票、外汇买卖、期货、结构性理财产品等

2. 根据客户性格划分(见表3)

根据性格划分客户,可以有很多门派类别,这里我们介绍以动物形象来划分客户。

表3　五种性格类型客户的表现形式及应对方法

客户类型	表现形式	应对方法
老鹰型	说话独断,有说服力 控制欲强,有霸气,影响力强	以应和、认同、赞美为主
孔雀型	乐观开朗,好交朋友,表现欲强,感染力强,健谈,肢体语言多	赞美、理解、引导为主
猫头鹰型	稳重,做事有计划,注重图表数据,缺乏冒险精神	对产品以及经济形势一定要熟悉,在这类客户面前千万不能被问倒,用图表数据等客观事实说服客户,用真诚、耐心的态度对待客户
树袋熊型	待人和善,重感情,顾及别人感受,喜欢聆听,无主见	主动引导为主,以感情交流辅之
变色龙型	平均具备以上四种性格,不同的环境出现不同的性格特征	静观其变

3. 根据资金规模大小划分(见表4)

表4　不同资金规模的客户级别

资金规模(各家银行标准不同)	客户级别
50万元以下	普通客户
50万元—500万元	黄金客户
500万元以上	钻石客户

帕雷托"二八定律"告诉我们,要把大部分的时间和精力花在那些能产出高利润的少部分重要客户上。图5是某家商业银行调查后的数据:

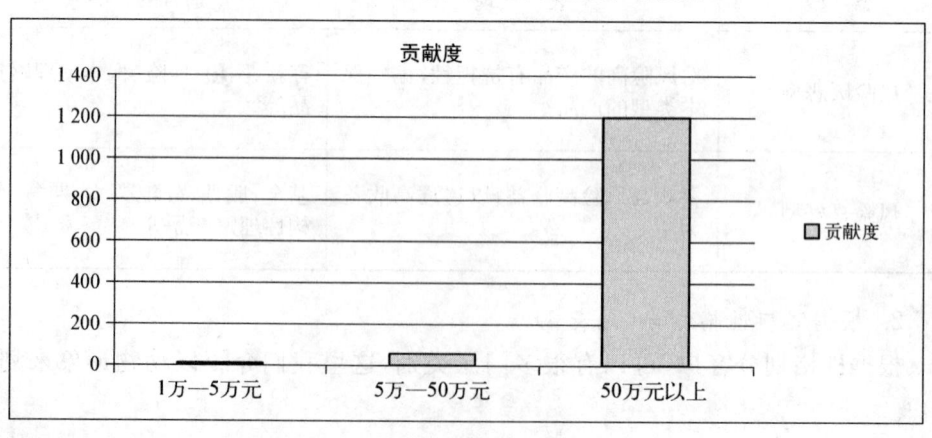

图5

通过图 5,我们发现资产越高的客户,他们对银行利润的贡献度越高。50 万元以上的客户创造的利润约是 5 万—50 万元客户的 20 倍,约是 1 万—5 万元客户的 100 倍。

事实上,目前各家银行都已实行了 VIP 贵宾客户制,利用差异性的优质服务吸引、培养忠实的贵宾客户。

(二)了解客户心理和购买动机

当我们懂得区分客户群体后,更要学会了解客户心理和购买动机。

1. 了解客户心理

优秀的销售人员往往也是一名心理高手。当我们给客户介绍产品时,客户总会存在戒备、疑虑,总会对我们的产品进行挑剔。当我们了解了客户的心理,对我们的销售促成就会带来帮助。有时客户挑剔,是对目前的产品存在疑虑,希望销售人员可以说服自己;有时客户挑剔,是产品本身的一些功能无法满足他的需求;有时客户挑剔,其实他心里已经明白你的品牌和优势可以给他带来比其他选择更多的利益,这种被动的感觉会使客户不遗余力地与销售人员砍价或要求得到更多附加值,而这些只是为了弥补心理上的落差……当我们了解客户更多,我们离成功销售的距离就越近。

2. 了解购买动机

同样买一部手机,客户甲看中的是该手机的款式时尚、美观;客户乙看中的是该手机的功能齐全、易于操作。虽然两个人都买了同款手机,可是两个人选择该手机的购买动机却是不同的。

购买动机是直接驱使消费者实行某种购买活动的一种内部动力,反映了消费者在心理、精神和感情上的需求,实质上是消费者为达到需求采取购买行为的推动者。

(三)购买动机的模式

1. 本能模式

人类为了维持和延续生命,有饥渴、冷暖、行止、作息等生理本能,这种由生理本能引起的动机叫作本能模式。它的具体表现形式有维持生命动机、保护生命动机、延续生命动机等。这种因生理需要购买动机推动下的购买行为,具有经常性、重复性和习惯性的特点,所购买的商品,大都是供求弹性较小的日用必需品。例如,消费者为了解除饥渴而购买食品饮料,是在维持生命动机驱使下进行的;为抵御寒冷而购买服装鞋帽,是在保护生命动机驱使下进行的;为实现知识化、专业化而购买书籍杂志,是在发展生命动机驱使下进行的。

2. 心理模式

由人们的认识、情感、意志等心理过程引起的行为动机,叫作心理模式。具体包括以下几种动机(见表5):

表5　五种动机的特点

情绪动机	是由人的喜、怒、哀、欲、爱、恶、惧等情绪引起的动机。例如,为了增添家庭欢乐气氛而购买音响产品,为了过生日而购买蛋糕和蜡烛等。这类动机常常是受外界刺激信息所感染,所购商品并不是生活必需或急需,事先也没有计划或考虑。情绪动机推动下的购买行为,具有冲动性、即景性的特点。
情感动机	是道德感、群体感、美感等人类高级情感引起的动机。例如,爱美而购买化妆品,为交际而购买馈赠品等。这类动机推动下的购买行为,一般具有稳定性和深刻性的特点。
理智动机	是建立在人们对商品的客观认识之上,经过比较分析而产生的动机。这类动机对欲购商品有计划性,经过深思熟虑,购前做过一些调查研究。例如,经过对质量、价格、保修期的比较分析,有的消费者在众多牌号洗衣机中,决定购买海尔牌洗衣机。理智动机推动下的购买行为,具有客观性、计划性和控制性的特点。
惠顾动机	是指基于情感与理智的经验,对特定的商店、品牌或商品,产生特殊的信任和偏好,使消费者重复地、习惯地前往购买的动机。如,有的消费者几十年一贯地使用某种牌子的牙膏;有的消费者总是到某几个商店去购物等。这类动机推动下的购买行为,具有经验性和重复性的特点。

3. 社会模式

人们的动机和行为,不可避免地会受周围社会的影响。这种后天的、由社会因素引起的行为动机叫作社会模式或学习模式。社会模式的行为动机主要受社会文化、社会风俗、社会阶层和社会群体等因素的影响。社会模式是后天形成的动机,一般可分为基本的和高级的两类社会性心理动机。由社交、归属、自主等意念引起的购买动机,属于基本的社会性心理动机;由成就、威望、荣誉等意念引起的购买动机,属于高级的社会性心理动机。

4. 个体模式

个人因素是引起消费者不同的个体性购买动机的根源。这种由消费者个体素质引起的行为动机,叫作个体模式。消费者个体素质包括性别、年龄、性格、气质、兴趣、爱好、能力、修养、文化等方面。个体模式比上述心理模式、社会模式更具有差异性,其购买行为具有稳固性和普遍性的特点。在许多情况下,个体模式与本能、心理、社交模式交织在一起,以个体模式为核心发生作用,促进购买行为。

(四)购买动机的特点

1. 迫切性

购买动机的迫切性是由消费者的高强度需求引起的。如有些人对骑自行车本身不感兴趣,但搬到新家后,上班远了,乘车又不方便,看到邻居骑车上下班很方便,就会产生迫切需要一辆自行车的想法。

2. 内隐性

是指消费者出于某种原因而不愿让别人知道自己真正的购买动机的心理特点。如某些尚未用上电的农村,一些姑娘结婚时,非要让男方买电视机,美其名曰以后使用,实质上其真正的购买动机可能是为了显示自己的身价及其富有程度,满足自己的虚荣心。

3. 可变性

在消费者的诸多消费需求中,往往只有一种需求占主导地位(即优势消费需求),同时还具有许多辅助的需求。当外部条件满足时,占主导地位的消费需求将会产生主导动机,辅助性的需求将会引起辅助性动机。主导性的动机能引起优先购买行为。一旦消费者的优先购买行为实现,优势消费需求得到满足,或者消费者在购买决策过程或购买过程中出现新的刺激,原来的辅助性购买动机便可能转化为主导性的购买动机。

4. 模糊性

有关研究表明,引起消费者购买活动的动机有几百种,其中最普遍的是多种动机的组合作用。有些是消费者意识到的动机;有些则处于潜意识状态,这往往表现在一些消费者自己也不清楚自己购买某种商品到底是为了什么。这主要是由于人们动机的复杂性,多层次性和多变性等造成的。

5. 矛盾性

当个体同时存在两种以上消费需求,且两种需求互相抵触,不可兼得时,内心就会出现矛盾。人们常常采用"两利相权取其重,两害相权取其轻"的原则来解决矛盾。只有当消费者面临两个同时具有吸引力或排斥力的需求目标而又必须选择其一时,才会产生遗憾的感觉。

六、心态的准备

想要创造骄人的销售业绩,最重要的是树立积极向上的心态,否则就是"皮之不存,毛将焉附"了。阳光的心态就是热情,就是勇气,就是忍耐,就是执着,就是战斗精神,不能适时调整心态的人,永远无法胜任挑战性的工作。当你站在一个客户面前时,你想的是刚刚遭遇的挫折,还是即将取得的胜利?心态决定业绩。

做为一名优秀客户经理应该树立以下的阳光心态:

(1) 自信的心态。因为只有你自己相信自己的能力,相信自己的公司,相信自己的产品,相信自己的服务,才能在我们与客户谈判的时候,用我们的言行感染客户。

(2) 长久的心态。我们要有足够的时间来了解客户的需求,从而达到客户的满意度。

(3) 平常的心态。失败和成功是在所难免的,不要被困难吓倒,也不要因小小的成绩而骄傲。

(4) 积极的心态。以积极、主动、乐观向上的精神来跟客户沟通。

(5) 学习的心态。不断汲取新的知识,以增强自己的谈判沟通能力。

(6) 理解的心态。将心比心,理解客户,多站在客户的立场来考虑,杜绝强行推销。

同时,我们要避免以下的不良心态:

(1) 经常抱怨,从不反思自己。
(2) 看轻别人的工作,认为别人的成功都来源于偶然。
(3) 害怕遭到拒绝,不敢面对挫折。
(4) 害怕同行竞争,无法正视竞争。
(5) 取得小小成绩,就开始不思进取,满足现状。
(6) 在客户面前太过谦卑。

七、思想的准备

没有完美的事情只有完美的准备,在思想上同样要准备充足。

(一) 避免强硬推销

强硬向客户推销产品或是服务项目,是客户最深恶痛绝的事情。在客户自我保护意识增强、消费行为越来越理智的今天,动不动就向客户推销,只会让客户"敬而远之"。是把客户的需要放在第一位,还是把自身的短期利益放在第一位,成了客户经理能否让人信任的重要标准。

(二) 先卖人品、后卖产品

急于成交,欲速则不达。客户经理在向客户销售产品之前,一定要先销售自己的人品。当客户喜欢你了、接受你了,才会买你的产品。陈安之说:"每一个全世界最顶尖的销售人员所销售的产品,不是产品本身,而是他自己。"

销售自己的方法包括:① 礼貌、真诚、周到地对待客户;② 了解客户的爱好、忌讳,以便融洽相处,但不要让客户觉得你在探询他的隐私;③ 通过与客户的交谈,仔细观察和思考客户的需要,并尽量给予满足;④ 真心为客户解决需求问题,而不是急于赚钱;⑤ 介绍产品时保持自信等等。

(三)销售始于"拒绝"、视"拒绝"为常事

拒绝,是客户对销售人员的一种本能反应,是销售活动中一种非常正常的现象。被客户拒绝,并不是失败,而是"你把工作还没有做完或没有做到位"。在每一次被客户拒绝后,一定要认真分析一下,客户为什么会拒绝?下一次应该在哪些方面有所改进?这件事若做得好,拒绝就会被你逐渐化解。

所以,应对客户的拒绝,仅仅有坚持的精神是不够的,还要靠脑子思考分析、找出症结、对症下药。

但是,客户经理在遭到客户的第二次拒绝时,就一定要先终止这次销售行为,换个与产品无关的话题,以免引起客户心理不快。即使受到拒绝,仍要对客户保持热情的态度,为下次推销埋下伏笔。

(四)不要企图一次就成交

生意不是一次做成的,销售也一样。不要企图一次就成交,客户经理可以把单个客户产品推销的过程放大、拉长。

例如,当客户第一次来网点时,销售人员从客户存款的利息入手和客户聊聊话题,这样可以引起客户对通货膨胀方面的注意;当客户第二次来的时候,就可以开始说一些关于产品的话题了。不过,这个时候也还不必开口叫客户购买,不提销售让客户觉得你只是在关心他,而不是想推销东西。等客户第三次来时,就可以用一种比较愉快的语气告诉他,最近推出了新产品,能够帮助他抵御通货膨胀,试着问客户要不要考虑一下。这时,客户一般都会有些心动。那么,当他第四次来时,银行销售人员就可以直接一点询问客户,并运用前面说到的坚持不懈促使客户下单。

(五)客户要买的不只是产品,更重要的是服务和解决问题的办法

客户购买的是产品给他带来的利益和好处,而不是买价格,买产品本身。随着社会不断进步,人们生活水平不断提高,对于物质已不只停留在需求的层面,客户进行购买行为有时是为了凸显自己的身份地位、心理感觉,银行销售人员一定要洞

悉这种心理。

（六）不要总用优惠代替销售

对产品的自信是征服客户的前提。对客户的需求还没有了解清楚,就提到价格或利率,这只会令客户心生警觉,捂紧自己的钱包,再送多少折扣和礼物都不会让客户心甘情愿地买单。因此,在了解客户需求的基础上,还需要坚定信念,我们销售给客户的是能帮助他解决问题的方法以及优质的服务,彼此做的是双赢的行为。

第二节　如何顺利地把产品介绍给客户

每个刚开始做销售的人总会受到这样的鼓励:"相信自己就一定会成功。"可是每次在对客户介绍产品时,看到客户无动于衷、左顾右盼的神情时,那种鼓励便成了虚幻的境界。每次信心满满地上阵,每次却又垂头丧气地结束。很多销售人员在客户面前会大吹特吹自己产品的优点,可为什么总是会被客户婉拒?或者明明已发掘了客户需求,但仍然在介绍产品时受到异议?这在很大程度上,是因为我们还不够了解客户的心理活动。

当我们给客户介绍产品时,客户往往会有以下的心理:

(1) 我为什么要听你介绍?

(2) 你要介绍的是什么?

(3) 你介绍的产品对我有什么好处?

(4) 产品的独特优势能给我带来什么利益?

(5) 有谁买过你的产品?

(6) 哪些人对你介绍的产品给出了好评?

当我们按照客户的心理活动给客户介绍产品时,我们所说的内容也许正是客户所想了解的问题,这样客户才有兴趣听我们接下去介绍的内容。

一、FABE 法则

根据客户的心理活动,我们制定了介绍产品的流程 FABE 法则(见表6、表7)。

表6　FABE法则的构成

F	Feature	阐述特征：描述产品的某些相关事实，解释产品具有什么特征或功能。 每个产品都有它的属性，有些属性是跟其他竞争产品或替代品相通的，我们称为"通性"。 有些属性是本产品所特有的，我们称为"特性"。 对于一个产品的常规功能，客户经理都有一定的认识，但需要特别提醒的是，你要深刻发掘自身产品的潜质，努力找到竞争对手忽略的、没想到的特性。当你给了客户一个"情理之中，意料之外"的感觉时，下一步的工作就容易展开了。
A	Advantage	谈论优势：说明产品所拥有的独特的环境和资源优势，以及能起什么作用。 也就是产品的【F】功能发挥了什么功能，向客户证明购买的理由。
B	Benefits	介绍利益：结合客户需求，介绍客户能从产品或服务中获得的价值和好处，通过利益将产品的特征和优势与客户需求联系在一起。
E	Evidence	为证实产品能给客户带来的利益而出示证明材料，包括技术报告、历史业绩、客户证明、报刊文章等。 通过出示相关证明、现场演示等证据化解客户心中的疑虑。这些证明材料必须有足够的客观性、权威性、可见证性。

表7　FABE法则的示范

步　骤	示　范　场　景
呈现目标并说明需求	**销售**：您刚才提到了想投资低风险、收益稳定的理财产品。我行最近推出了"风帆1号"理财产品，非常符合您的需求。 **客户**：是吗？
阐述特征 Feature	**销售**：这款产品是我行最新推出的一款保本收益产品，理财资金投向银行间市场流通的财政部发行的记账式国债、人民银行发行的票据和债券回购、短期融资券等（特征）。您也知道，近期股市持续低迷，债券市场的避险功能逐渐显现出来，该产品在计划成立后可以在工作日内进行申购和赎回，能最大限度保证您资金的流动性（优势），同时，我们投资的债券大多都有政府信用做保证，使您可以获得稳定的收益（利益）。 **客户**：是吗？
谈论优势 Advantage	
介绍利益 Benefits	

续表

步骤	示范场景
阐述特征 Feature 谈论优势 Advantage 介绍利益 Benefits	**销售**：我们这款产品集合众多客户的资金（特征），依托我行投资体、风控体系的运作，通过投资高风险级别债券和文件的资产配置策略，进行债券品种操作（优势）。同时，我们会在计划成立后，每个工作日公布该计划的投资收益净值状况，您可以及时了解您的投资收益，并可以针对市场情况增加您的投资资产或赎回您的投资转投其他品种（利益）。 **客户**：很不错啊。
阐述特征 Feature 谈论优势 Advantage 介绍利益 Benefits	**销售**：是啊，这款产品收益稳健，不但能满足您对理财产品低风险的要求，而且能满足您对资产流动性的要求（特征），信用级别高的债券特别是国债和银行票据内含着国家信用，是目前所有投资方向中风险最低的（优势）。这样，您就不用担心投资这款产品会损失本金了（利益）。 **客户**：你是说不会亏本？
提供证据 Evidence	**销售**：是的。我行不保证该产品的收益水平，但是承担该产品的本金损失，防止客户的本金风险。另外，这是我行关于该产品的风险控制分析，请您过目，我们将通过健全的投资风控体系和对市场各类风险的管理，在保证投资资产安全性、流动性的前提下，实现收益的最大化（证据）。 **客户**：嗯，我知道了。
阐述特征 Feature	**销售**：需要说明的是，这款产品的认购下限是5万元，存续期不固定。存续期内，如果低于说明书规定的计划限额，我行将提前进行终止公告（特征）。不过从目前的市场情况看，购买"风帆1号"可以有效规避A股市场波动给自己资产带来的风险。同时，变现较银行定期存款更加快捷，可以使资产配置更加灵活、机动（优势）。也就是说，您可以根据市场的变化和您个人资金的安排，随时改变您资金的用途和去向，提高整体资产的投资收益（利益）。另外，这款产品还可以配合使用定期单位净值短信通知功能（特征），你可以定期获得收益状况等信息（优势），做到心中有数，稳操胜券（利益）。 **客户**：看来这款产品还真不错。

FABE法则简单地说，就是找出客户最感兴趣的各种特征，接着分析这一特征所产生的优点，然后找出这一优点能够给客户带来的益处，最后提供证据进行证明。通过这四个环节的销售模式，解答客户异议，证实该产品确实能给客户带来这些利益，巧妙地处理好客户心里关心的问题，从而顺利介绍产品，促进产品销售的最终完成。

二、产品介绍的技巧

(一) 把产品特征转化成对客户的既得益处

案例 1：4S 店销售员卖车

> **销售**：您好，先生。这一辆刚到的新款车，功能强大。它装有 6 缸 50 磨 PRX 润滑、MB7 隐形，侧面装有自动同步电子清洁加油阀，附加红外线后挂式减震器，各种各样的横挂式节气阀，可承受 8 克压力，内制式光纤娱乐系统 16 个预选台收音系统，此外还有后刮翼刷。
>
> 总之，先生，这是一辆完美的车，非常适合您。

案例分析：如果您是客户，会买这辆车吗？为什么？很多客户，特别是女性客户听了这样的介绍往往是一头雾水，不知所云。对于不知所云的东西，很显然客户是不会轻易购买的。发掘需求的章节告诉我们，客户购买的是帮助其解决问题的方法，而不是产品本身的功能。作为一名销售人员，要学会利用产品的特点和功能转化成为客户带来的利益和帮助，这样才能使客户产生购买动机和欲望。

案例 2：成功的卖车

> **销售**：请问您需要什么样的汽车呢？
> **客户**：啊，能在任何天气下将我从单位载到家的车。天气越糟糕，越容易出事。
> **销售**：啊，我明白了。那么可靠性是主要考虑的因素。
> **客户**：完全正确。
> **销售**：您除了上班，其他时间用车多是短途还是长途？
> **客户**：啊，长途很少，一般就在市郊转转。
> **销售**：我知道了。您看买经济型小车，经常启动和停车但耗油少，这样行不行？

> **客户：**啊,好的。
>
> **销售：**您看,这是一款非常可靠的紧凑经济型车,不会在坏天气让您失望,符合您的所有需求,本周末就可以开走了。

案例分析： 为什么这么简单的几句话却成功了？首先,销售人员充分利用提问和倾听技巧发掘了客户的实际需求；

其次,销售人员没有简单地罗列产品功能,而是把车的性能转化成了帮助客户解决问题的方法

所以,销售话不在多,而在于是否在点上。

把产品特征转化为既得利益时要符合三个原则：

1. 聚焦客户需求原则

产品特点转化的利益,首先必须是客户关心的,其次是能够满足客户需求的,特别是潜在客户,要让他有眼前一亮的感觉。

2. 利益要具体化、数字化的原则

向客户介绍既得利益时,一定要避免使用大概、可能、差不多等模糊字眼,应该要具体化、数字化,这样客户会清晰地了解产品给自己带来的具体利益。

3. 利益要情景化的原则

客户经理在给客户介绍产品时,一定要兴奋起来,要情景化,让客户感觉置身于我们介绍的美好场景中,相信介绍的产品一定能够给自己带来很大帮助。

接下去,我们来看一款某银行的理财产品(见表8)：

表8 某银行的一款理财产品介绍

产品名称	产 品 介 绍
××至尊1号	投资于我国银行间市场,预期年化收益率2.45%,保本浮动收益,认购、申购和赎回均不收费,赎回申请确认当日到账。

按照"把产品特征转化成客户既得利益"的介绍技巧,我们该怎么向客户推介此款理财产品呢？首先,我们要找出"××至尊1号"的特点。其次,就是把寻找的产品特征进行转化,让产品的功能及特征符合客户想要的需求,见表9。

第三章 推介产品

表9 经过产品特征转化后的产品介绍

特 点	利益：帮助客户解决问题的方法
年化收益率2.45%	假设您持有的份数为100万份，当日理财年收益为2.45%，您当日的投资收益为：1,000,000×2.45%/365＝67元。同样的金额您放在活储，每日只有9.7元。这样要高将近7倍哦。
认购、申购和赎回均不收费，赎回申请确认当日到账	设有申购与赎回期，在这期间您可以随时申请，并免收申购费。赎回申请受理成功后，资金将于申请确认当日到账，这就意味着您可以灵活周转资金，合理安排财务，人性化的满足您紧急用款的需求。
投资于我国银行间市场，保本浮动收益	这款产品投资银行间市场，非常符合您这样重视本金安全的贵宾客户。

（二）利用图形、数据、故事等直观工具介绍产品

产品的特征大多是专业术语和数字堆砌的，过于冰冷，直接向客户阐述，往往不容易被客户接受。产品被推介的本身就是激发客户的购买欲望，所以客户经理在介绍产品时，多利用图形、故事等技巧引起客户兴趣。

案例1

> **销售**：您好，这是我行的VIP贵宾卡。它除了办理业务不用排队，免费保管箱业务、机场绿色通道等特色服务之外，我们还专门为您提供"一对一"的专家理财。
>
> **客户**：可我觉得现在自己打理资金方面也有不错的收益，这几个月股票上投资有10%呢，"一对一"的客户经理对我没什么用哦。
>
> **销售**：一定有用，我们的客户经理都是为客户专门度身定制理财方案的，只有我们的贵宾客户才能享受这样的特色服务。
>
> **客户**：那收益有多少呢？
>
> **销售**：每个产品因为风险不同，收益也不同。
>
> **客户**：我可不想听那么多，我只考虑你们能给我带来多少实际收益。
>
> **销售**：您如果自己打理资金，万一遇到不可测的情况，您资金的损失会不小哦。
>
> **客户**：您咒我资金损失！……

案例 2

> **销售**：您好，这是我行的 VIP 贵宾卡。它除了办理业务不用排队，免费保管箱业务、机场绿色通道等特色服务之外，我们还专门为您提供"一对一"的专家理财。
>
> **客户**：可我觉得现在自己打理资金方面也有不错的收益，这几个月股票上投资有 10% 呢，"一对一"的客户经理对我没什么用哦。
>
> **销售**：我理解您的想法。但是您试想一下，如果您驾着一艘船在茫茫大海航行，开始的时候海面风平浪静，您一定认为自己可以驾船驶向大海的另一头。但是万一天有不测风云，路途遇到恶劣天气，雷电、狂风、暴雨，此时您不知道方向在何处，在这千钧一刻，您会选择自己继续驾船，还是把船交给一位有经验的老船长驾驶呢？（此时停顿几秒，给客户有退想的空间）我想您会选择一位有经验的老船长带着您在大海航行吧。理财也是一样的道理，就象是驾驶着船行驶在这个金融大海，有时候风平浪静，有时候却狂风四起，有时更会遇到金融风暴，2008 年全球金融危机的面画到现在还历历在目呢，您看您是自己打理还是选择有经验的客户经理帮忙打理要稳妥一些呢？

案例分析：以上两个案例告诉我们如果只是一味用冰冷的语言说服客户，只会引起客户的抵触，相反一个小小的故事或许会给我们带来一个惊喜。

在我们的银行销售工作中经常会遇到"猫头鹰"型的客户，此类客户性格稳重、思绪缜密、喜欢思考、做事有计划，在我们把产品介绍给他们之初，往往无法直接引起他们的购买欲，因为他们总是带着怀疑的态度倾听我们的介绍，任何夸张的话语不但不会引起他们的兴趣，反而会使他们的疑虑心更严重。对于此类客户来说，空洞、虚幻的语言是无法打动他们的，只有眼见为实的证据、图表等才能化解其内心的疑虑。所以面对这样的客户，做为客户经理更应在介绍产品的同时，把宣传折页以及类似产品的过往业绩提供给他们查看。

（三）恰当说明理财产品的风险，以限定客户的期望值

很多客户经理在推介产品时，总喜欢把产品的利率作为卖点呈现给客户，希望通过高收益引起客户的兴趣。往往此时，客户经理因为指标销售的压力，忽略了风险的提示，导致客户在产品亏损的时候向银行投诉及向媒体曝光，这样反而得不偿失,最终因为欺骗客户而造成优质客户的流失。例如,台湾某银行就曾有这样惨痛的教训。该银行将雷曼兄弟连动债包装成定息保本的理财产品,并且大力推销。在推销的过程中,向客户着重介绍的是该产品的高收益,隐藏了风险点。最终因为全球金融危机中,雷曼兄弟破产,而导致该产品的血本无归,有客户甚至亏了8千万台币。为此,愤怒的客户组成自救会,到市议会前抗议。该银行不但失去了优质客户,也失去了数十年积累起来的好口碑。

（四）恰当运用非言语沟通方式激发客户的兴趣

研究肢体语言的先锋人物阿尔伯特·麦拉宾发现,一条信息所产生的全部影响力,其中7％来自言语(仅指文字),38％来自声音(包括语音、语调和其他声音),剩下的55％来自无声的肢体语言(见图6)。

大多数研究者已经肯定了这样的事实:语言的主要作用是传递信息的内容;而肢体语言的主要作用是传递信息的真实性。有时,肢体语言甚至可以取代话语的位置,发挥传递信息的功效。

人类学家博维斯特对上千次销售和谈判开展了详细的研究,其结果表明60％—80％的决定是在肢体语言的影响下做出的。

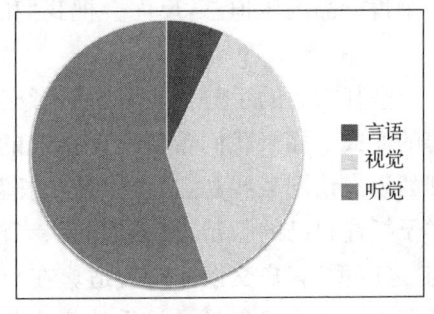

图6

除此之外,研究成果还指出,当通过电话进行销售和谈判时,那些能言善辩的人往往会成为最终的赢家。可是销售和谈判是以面对面的形式开展,那情况就大为不同。因为总体而言,当我们在做决定的时候,我们更倾向于所见到的,而不是所听到的。

一般的客户经理会忽视运用非语言符号,但优秀的客户经理却能不断地学习这些符号,自觉地把这些符号运用到自己的销售工作中去,也取得了非常好的业绩。

1. 眼神

眼睛是心灵的窗户,人们透过眼睛可以看到对方的内心。真诚的眼神会让客户感觉我们以一颗诚挚的心在对待他们。当银行销售人员和客户面对面交流时,坚定的眼神可以给客户造成一种心理暗示:我们对自己的产品很有信心,您购买我们的产品敬请放心。在与客户交流的过程中切忌不正视对方,而是由下向上看,且是眼睛吊着向上看,在销售过程中,如此的眼神代表着怀疑和鄙视,令客户感觉心里不舒服,不利于进行客户的销售。

2. 微笑

微笑是上天赐给人类最美好的表情,会使对方在心里产生积极的正面效应。微笑不但能解除销售人员与客户的隔阂,同时也展示着我们的热情和真诚。在与客户第一次接触的时候,真诚的笑容会使客户对我们留下一个好印象。在认知的世界里,一旦客户的认知形成,将是无法轻易能改变的。一个好印象意味着一个好开端,一个好开端即是成功的一半;在发掘客户需求的阶段,微笑说明我们正在倾听客户观点,客户因为我们微笑的鼓励,会以更开放的姿态表达更多的信息;在给客户介绍产品时,也许客户会犹豫或彷徨,一个充满信心的微笑不会让客户产生强行销售产品的压迫感,反而会把我们的信心传递给客户。

3. 手势

坚强有力的手势代表着说话者充满着自信,自信的气息传染给客户,更有利销售的促成。如果我们希望赢得客户的好感,让对方感觉我们在认真倾听而且以敬仰的姿态认同某些观点,可以使用托盘式的手势。托盘式手势就是双手象托盘的样子托住自己的腮帮,稍稍仰起头专注地看着对方,这种姿势代表着恭维和讨好,与"老鹰型"客户交谈非常合适。在与客户交流的时候,要注意尖塔式手势的运用。所谓尖塔式手势就是一只手的指尖相应地轻轻接触另一只手的指尖,形成一个尖塔状。该手势代表着一种自信的态度,一般出现在上下级关系中,管理者日常在工作中常用这样一种手势,做为客户经理想说服对方或赢得他人对你的信心,建议不用这样的手势,因为有时会给人造成一种自鸣得意、狂妄自大的感觉。同样,在与客户交流中避免出现将手放在下巴或脸颊处,食指同时竖起的姿势。当我们渐渐对客户的话题不感兴趣但又想装作感兴趣的样子,这个手势会悄悄变成厌倦的手势,原本轻挨着脸部的手势变成了头部的支撑,这样很容易让客户感觉我们对他的说话内容产生了厌倦情绪,这种不礼貌的态度会使客户对客户经理产生反感。

4. 身体姿态

当我们坐着与客户交谈时,做为一名有经验的客户经理都会尽量保持身体的前倾,将一种认真倾听、尊重对方的姿态呈现给客户,以获取客户的好感。所以我们切忌双臂交叉环抱,这样的姿态是强烈的防御意识,很难让客户与我们接近。同时,避免出现翘着二郎腿、双手放脑后的动作,这种身体语言同样会给客户造成不尊重自己,没有认真倾听的感觉。当我们坐在旋转式的椅子上时,避免左右不时旋转摇摆,坐不稳代表着缺乏耐心和毅力,做事容易虎头蛇尾,客户是不愿意和这样的客户经理打交道的。

总之,在面谈过程中,大部分的信息都是通过肢体语言来进行交流的,做为客户经理要重视肢体语言的作用和影响,充分利用非言语的沟通方式激发客户的兴趣。

(五)推销自己的观点

一流的销售高手一定是顶尖的说服高手。一名优秀的客户经理,必须掌握说服技巧,通过推销自己的观点让客户接纳我们的产品和服务。

1. 提示引导的概念

什么叫提示引导?你现在想象有串葡萄在眼前,想象那串青涩未成熟的葡萄有多酸,想象曾经吃过的那些酸葡萄会让你的牙齿……想象这样一串酸葡萄,你正把它整串放在嘴里嚼……你有没有发现自己的唾液开始分泌,发现自己因为曾经类似的经验开始被激发,感觉到了葡萄的酸味,口水不断流出?这就是提示引导。譬如,"张先生,在听我给您介绍按揭贷款优点的时候,您就会开始注意到,利用银行的贷款方式可以买到一套适合您的婚房,不仅解除了您资金短缺的烦恼,而且每个月的还款对您来说也不是一笔很大的负担,想象一下您可以马上和您新婚的太太在属于您自己的浪漫爱心小屋里,那是多么幸福的一件事呀"。还有,在代理保险产品时,我们可以告诉客户:"当您正在考虑是否买保险时,会让您想象到给您的家人和孩子一份安全保障是多么重要的一件事情。"

2. 提示引导的原则

第一不要和客户说不能什么;第二要把前因后果用连接词连接起来,然后去叙述对方赞成同意的事情,不断地叙述重复客户目前的身体状态和心理状态。

3. 二选一法则

这一技巧可以贯穿整个销售环节,在销售技巧中十分实用。当我们在产品介绍过程中发现客户对产品和服务已出现兴趣的迹象,但可能由于种种原因还在犹豫期时,利用二选一法则可以帮助客户,提供建议,促使客户进行行动,让客户落入我们设计的"城堡"。譬如:"王女士,您已经了解了这款股票型基金,您看,您打算每月定投1 000元还是2 000元?"不管客户选择1 000元还是2 000元,客户已经购买了我们基金定投的产品。

4. 二选一法则要在适当的时间运用

所谓适当就是在与客户的沟通过程中,已发现了客户的需求,并展示了对产品和服务的兴趣时的时间节点。当客户还不知道我们要跟他沟通什么内容时,对产品和服务一定不会有兴趣的,客户经理突然用二选一法则让客户选择产品时,客户是不会买我们的帐的。

5. 对比法

所谓对比法就是通过两者对比,使客户相信我们介绍的产品更符合其需求。譬如:买房子的时候,甲乙两栋房子各有千秋,这时候房地产代理也许会给你推荐丙房子,这个丙房子和甲房子很像,但是屋顶要修。面临甲乙的时候你很难选择,而出现丙之后你却选择了甲,而甲往往正是代理要卖给你的房子。同样在向客户介绍产品时,利用对比法,我们可以这样说服客户:"李老板,投资一年付1 000元,一年365天,一天不到3元钱,您看一天抽一包烟都要10元,一天只要投资三分之一包烟的钱,你就可以享受投资带来的收益了。"

6. 提问引导法

好的问题能引导一个人的思想,很少有人愿意被说服,要说服一个人,最好的方式就是让他自己说服自己。当我们熟知的中国网球一姐李娜在打网球时,经常看到她老公姜山在李娜落后时对其指导和提醒,但换来的结果却是遭到李娜的怒斥。在压力环境下,人的情绪不是那么容易可以自我控制和调节的。在这样的情况下人是很难被外界所影响和说服的,所以最好的方法就是通过内心自己说服自己,于是就有了李娜在比赛中的一个秘密武器——"小纸条"。这张神秘的小纸条帮助李娜从法网夺冠后的低迷中慢慢走了出来,一个充满斗志的李娜又回到了球场开始驰骋。也许大家都好奇这张神秘的小纸条到底写了什么,为什么会有那么神奇的力量? 其实,这张纸条除了一些比赛战术之类的内容外,最最重要的是在上面永远有一行字——相信自己,你一定能做到。这是李娜写给李娜的,这句话谁对李娜说都不管用,只有她自己对自己说,才能说服自己。因此,一个优秀的客户经理同样要学会利用提问引导客户的思想,让客户自己说服自己。

销售:张先生,请问一生当中对您来说,最重要的是什么?

客户:当然是家庭。

销售:家庭对您,是不是很重要!

客户:是。

销售:那今天您认为,您有没有责任去让老婆、孩子过得更幸福、更快乐?

> **客户**：嗯。
>
> **销售**：那您认为应该尽您的全力让您的家庭过得更幸福,是不是该做一点对您的家庭和您的孩子有更长远一点意义的考虑?
>
> **客户**：嗯。
>
> **销售**：那假设我有方法让您很好地长远地为您的家庭做一些考虑,您有没有兴趣了解一下?
>
> **客户**：有啊。
>
> **销售**：那您看,您是明天有空还是后天有空?我们可不可以去拜访您跟您聊一聊?
>
> **客户**：明天吧。

案例分析：有时,我们不一定要去强行介绍产品给客户,往往借助问题引导客户思想,就能起到事半功倍的效果。我们发现这个世界上优秀的销售人员,他们都是说得少而问得多,这样才能引导对方的思想,最终成为影响力的高手。

7. 加深痛苦法

每个人都在追求快乐,逃离痛苦。我们要引导客户,让客户感觉不购买、不行动就会很痛苦,这对逃避型的人最有效。扩大他的痛苦,因人、因事、因地、因时、因物都不一样,要注意顺序。一个人最大的痛苦发生在他最重要的价值观没有办法达成的时候。如果他告诉你,他最重要的是家庭美满幸福,那么客户经理就要引导他,如果不按照我们建议的方法去做,也许就无法实现他的价值观。扩大痛苦之后,你再为对方介绍产品和服务,或者传递你想传达的观念,通常就很容易让对方接受。

(六)正视产品的弱点

产品没有最好与最坏,只有合适与不合适。常言道：有一利,必有一弊。万物都是相对的,反之,有一弊同样必有一利,我们在介绍产品的时候要正视产品的弱点,当我们按照以下方式做了,客户会为我们的真诚和直率感动。

1. 正面承认产品的弱点

客户不会因为产品的一个小弱点而全盘否定我们的产品。因为发掘客户需求阶段之后,我们推介给客户的产品一定是有针对性的,符合客户利益和需求的,能够帮助客户解决问题的,所以我们的诚恳态度或许更让客户感觉我们的诚信和真心。譬如,当客户指出产品的弱点时,可以这样回答:"您说得很对,在我们的销售中,也发现了这个问题,您能指出,我们非常感谢,我们会尽快努力去改进的。"

2. 委婉地把产品弱点的原因讲清楚

> **客户**:你们产品的收费很高啊。
> **客户经理**:您的看法很专业。我想补充一下,这款产品的运作复杂程度和成本远远超过了储蓄产品,更重要的是,我们银行作为运作人,将承担您本金损失的风险,我们的专业化团队会在严格的风险管理下,尽量为客户争取更高的投资收益。

案例分析:通过侧面的解释,让客户了解背后深层次的原因,以便客户理解我们。

3. 向客户讲明为了弥补产品的弱点,所做的售后增值服务

譬如回应客户:"看来您对我们的××产品在以前的业绩表现感到不满意。我理解您的意思,但是以前的表现是历史数据,无论是好的情况还是不好的情况,我们都不能对未来作出保证。当然,由于没有达到您的心里预期,我们也能理解。最近我们已经相应健全了投资管理制度与产品业绩的评审方法,整个市场运作发展相当好(举例说明一些热销的产品)。同时,我们也在不断努力打造自己的品牌,以专业的能力和优质的服务来提升自身的能力,如果您相信我们的努力,不妨可以试试。"

(七) 团队合作

从过往的销售经验来看,团队合作的工作效率和成功概率要远高于个人行为的单打独斗。所谓团队就是指为实现某一目标而由相互协作的个体所组成的正式群体。J. R. 凯泽思贝奇和 D. K. 史密斯在《团队的智慧——创建高效的组织》一书中将团队定义为:"由少数的人组成,这些人具有相互补充的技能,为达到共同的目的和绩效目标,他们使用同样的方法,他们相互之间承担责任。"在这个定义中,所谓"少数"是指每个团队的人数从 2 个到 25 个不等;所谓"相互补充的技能"主要包括三个方面,即技术或功能的专长、解决问题和制定决定的技能、处理人际关系的技能;所谓"共同的目的和绩效目标"是指在团队中,共同目的可使团队具有较好的

状态和动力机制,而特定的绩效目标是共同目的的重要组成部分;所谓"同样的方法"是指团队需要发展出一种共同的实现其目的的手段;所谓"相互之间承担责任"是指在团队中的成员对自己和其他团队成员作出的承诺,承担义务与相互信任。

团队合作对销售非常重要。有句俗语:一只蚂蚁来搬米,搬来搬去搬不起;两只蚂蚁来搬米,身体晃来又晃去;三只蚂蚁来搬米,轻轻抬着进洞里。每一个个体如果都为着一个共同的奋斗目标全力以赴,就将超越个体的局限,发挥集体的协作能力,达到1+1>2的效果。每个不同性格的客户经理要根据自己性格的特点,在团队中发挥自己的特长,同时克服自身性格中的缺陷,让自己在团队中尽量发挥最大的能量。在我们的日常生活和工作中,往往有这样四种类型特点的销售人员(见表10):

表10 四种类型特点的销售人员

性格	特征	弱点
老鹰型	以目标和结果为导向,有领导欲,敏捷,严格自信,有决断力,讲究效率,意志坚强	不够谦和,比较武断
孔雀型	乐观开朗,健谈爱社交,精力充沛,富于想象,感染力强	情绪易波动,专注力不够强
猫头鹰型	沉稳内敛,爱思考,思绪缜密,重数据,具有批判精神	内向不善于沟通,开创精神不足
树袋熊型	注重人际关系,具有合作精神,天性善良,	没有主见

曾经有位孔雀型的客户经理小刘,去一家出国留学中介公司拓展业务,健谈爱交际、感染力强的特点,使其在和陌生客户第一次的接触时,在沟通中创造了融洽的气氛,给对方留下了良好的印象。但是,当进行更深的业务接触中,对方提了很多专业领域的问题,这一下难倒了小刘。后来,这家大型的出国留学中介公司婉拒了与小刘所代表的银行的业务合作,他们给出的理由是不希望把客户交给那些没有专业能力的银行客户经理进行处理。这次失败给了小刘很大的教训。一次偶然的机会他和另一个猫头鹰型的客户经理一起营销另家公司,结果具有亲和力、社交能力强的小刘与喜欢思考,爱钻研问题的猫头鹰型客户经理配合得相得益彰,客户感受到了一次真诚、轻松且专业的交流,经过接下去的几次沟通后与小刘所在的银行建立了长期合作关系。小刘学会了团队合作,与其他性格的客户经理发挥互补作用,销售业绩得到很大的提升。通过这个案例,告诉我们只要扬长避短,协调好团队队员的特点,就一定能发挥1+1>2的作用,提高销售成功

的概率。

第三节 推介产品时应避免的几大误区

一、以产品为中心的介绍方式

（1）客户经理不知道客户在关心什么，就开始出招。其实这里的关键依然是前期的发掘需求环节没有做好。

（2）客户经理一味向客户鼓吹自己的产品和服务，容易让客户产生困乏和疲倦。

（3）以产品为中心的介绍方式，让人感觉在强行销售，没有考虑客户的心理感受，不利于和客户建立友善、信任的关系。

二、只关注"我的公司"和"我的背景"

太以自我为中心的介绍方式，特别容易引起客户的反感，也容易给人造成"言过其实"的感觉，不利于最后销售的促成。

三、打击竞争对手

这样的介绍方式很容易引起客户的反感，客户宁愿自己比较得出结论，也不愿听到客户经理为了成功销售而恶意评论竞争对手，这样很容易以最快的方式失去客户。也许尝试一下肯定你的竞争对手，会有意想不到的结果。

四、太过热情的接待

太过热情的态度，有时会取得适得其反的效果，尤其是那些疑心病重的客户会认为是不是你们的产品或服务有问题，所以你想不让我发现？

五、总是和客户辩驳的介绍

与客户辩驳，容易造成与客户关系的疏远，有时因为过于激烈，往往我们赢得了场面，却失去了客户。记住，"谈判是妥协的艺术"。

六、一味强调优惠

一味强调优惠会使客户只关注于产品的价格和利率。事实告诉我们,大部分客户不会因为单纯的优惠而购买产品或接受服务,相反因为一味强调优惠反而会使客户对产品和服务产生怀疑。

思考题

您是某银行的对私客户经理,与您会面的客户是银行的定期储蓄存款客户王女士。王女士约50岁左右,非常健谈,又乐于助人,拥有80多万元资金,前些年该女士曾抽取部分资金参与股票市场的操作,炒股亏损将近10万元。

以上信息都是您在与王女士的交谈中获悉的,您还知道她对银行定期存款利率太低和炒股亏本牢骚多多,非常希望为自己的资金找一个安全的投资渠道。根据以上情况您,打算给王女士介绍某款分红型保险产品,具体产品信息如表11:

表11　产品说明书

一、产品基本特征
1. 保险责任
在《××两全保险(分红型)》合同(以下简称本合同)有效期内,××保险有限公司(以下简称我们)按照以下约定承担保险责任:
满期保险金:在本合同有效期内,如果被保险人在本合同的保险期间届满时仍生存,我们将按该保单年度的保险金额给付满期保险金,同时本合同终止。
身故保险金:在本合同有效期内,如果被保险人因意外伤害事故或疾病导致身故,我们将按该保单年度的保险金额给付身故保险金,同时本合同终止。
公共交通意外身故保险金:在本合同有效期内,如果被保险人在以乘客身份乘坐公共交通工具时遭遇意外伤害事故,并自意外伤害事故发生之日起一百八十天内以此为直接且单独的原因身故的,我们在给付身故保险金的同时,再按照等同于身故保险金的金额给付公共交通意外身故保险金,同时本合同终止。
全残保险金:在本合同有效期内,如果被保险人因意外伤害事故或疾病导致全残,我们将按该保单年度的保险金额给付全残保险金,同时本合同终止。
公共交通意外全残保险金:在本合同有效期内,如果被保险人在以乘客身份乘坐公共交通工具时遭遇意外伤害事故,并自意外伤害事故发生之日起一百八十天内以此为直接且单独的原因全残的,我们在给付全残保险金的同时,再按照等同于全残保险金的金额给付公共交通意外全残保险金,同时本合同终止。

续 表

2. 保险金额说明
本合同所称保险金额按以下方式确定：
第一个保单年度的保险金额为基本保险金额；
以后各保单年度的保险金额在每个保单周年日递增基本保险金额的一倍，至第四个保单周年日为止，此后保险金额不再继续递增。

3. 除外责任
如果在下列期间或由于以下任何一种情形，导致被保险人身故或全残，我们将不承担给付保险金的责任，同时本合同终止：
(1) 被保险人故意自伤或自本合同生效日起二年内或最后一次复效日起二年内（以较迟者为准）自杀；
(2) 被保险人服用、吸食、注射毒品，醉酒，挑衅或因故意行为导致打斗；
(3) 投保人或受益人故意造成被保险人伤害；
(4) 被保险人犯罪行为、拒捕；
(5) 核能、生化武器、战争（不论宣战与否）、恐怖活动、内乱、暴动或其他类似的武装叛乱。
在发生以上情形时，如果本合同有现金价值，我们将退还当时的现金价值，但将先行扣除任何您没有还清的保单借款、自动垫缴的保险费两项的本金和利息以及您欠缴的保险费。但发生以上第 3 或第 4 种情形时，如果您没有缴足两年保险费的，我们不退还本合同当时的现金价值。

二、红利及其分配
1. 红利的分配： 本产品红利的分配方式是现金分红，不包含终了红利。我们将遵循公平性和可持续性的一般原则，在每一会计年度末决定分红保险业务当年度的可分配盈余总额，然后将不低于可分配盈余 70% 的部分根据贡献原则在客户之间进行分配。贡献原则即根据每张保单对当年可分配盈余的贡献比例来分配盈余。
2. 红利的来源： 本产品红利主要来源于利差、死差和费差。其中，利差是指实际投资收益与期望投资收益之差；死差是指期望死亡率与实际死亡率之差；费差是指期望费用与实际费用之差。
3. 红利的领取： 投保人在本合同有效期内享有分红权益。投保人可以选择以下任何一种方式领取红利：(1) 现金领取；(2) 储存生息；(3) 抵缴保险费。如果投保人没有选定红利领取方式，我们将以储存生息方式办理。本合同有效期内，投保人可以书面形式申请变更红利领取方式，经我们审核同意并在本合同上批注或出具批单或与投保人订立书面变更协议后生效。
4. 红利储存利率： 用于计算投保人储存在我们的红利所产生的利息。该利率不会低于当时中国人民银行公布的一年期定期存款利率。我们将于每月第一个营业日调整该利率。
5. 风险提示： 红利为非保证利益。

➢ 请使用 FABE 法则介绍该产品，并把产品特征转化成为客户的既得益处。

➢ 面对王女士的性格，在介绍产品时，我们可以用哪些言语和肢体技巧和客户进行沟通，以引起客户兴趣。

第四章

应对反对意见

> 销售就是"就反对意见进行说服性的沟通"。
> ——[美国]世界著名的销售员乔·吉拉德

开篇案例

客户经理：欢迎光临，刘先生。我们代理的世博金条开始卖了，您不订一套吗？

客户：每克要200多块？你的东西太贵了。

客户经理：可是，这是世博纪念品啊，有保值功能，我们是独家代理的。

客户：也许吧，但对我来说太贵了！

客户经理：您怎么不说？

客户：我刚才说了，你有什么办法吗？

客户经理：向您推销更便宜的产品，比如说世博银。

客户：那能提供同样的保值吗？

客户经理：当然不能，银的哪有金的值钱。

客户：那我可不要。

客户经理：那么我们有金的呢。

客户：但那太贵了。

客户经理：看上去你很有钱呢，原来是充面子的。

客户：什么？

客户经理战胜了客户的舌头,同时也气走了客户的心。反而下面这位客户经理才是应对客户反对意见的范例。

> **客户**:我想我是不需要此类保险的。
>
> **客户经理**:我认为您需要。
>
> **客户**:我不需要。
>
> **客户经理**:是什么使您对这类保险有疑虑呢?先生。
>
> **客户**:我非常健康,我还会继续工作很多年,所以不愁经济来源。
>
> **客户经理**:问题就在这儿,因为您这么健康,退休后的时间会很长,所以您要早有准备。
>
> **客户**:那我还可以从股票上挣。
>
> **客户经理**:那要看情况,股票市场也可能让您亏本。即使不亏本,将来也可能会对炒股收益征税。25年后,哦,我想想,100万估计要缴税38 465元。
>
> **客户**:你说的有道理,那我就买一点吧。

第一节 客户异议

一、异议的概念

反对意见也被称之为异议,可被解释为反对某一种计划、想法或产品而表达出来的态度,是持反对立场的某种担心、理由或者争论论据。反对意见是销售活动的一部分。但是,有异议并不意味着客户不买,它仅意味着还存在未被满意处理的事情、理由、争端,表明我们没有恰到好处地讨论反对意见。

二、异议的出现

人们平常见到的冰山只是冰山露出海面的那很小的一部分,冰山更大的部分都隐藏在水下,人们是看不到的。客户的异议往往如同冰山,异议本身只是客户全部意思表达中很小的一部分,真正的异议是客户隐藏起来的那更大的部分,需要销售人员去进行更深入地挖掘(见图7)。

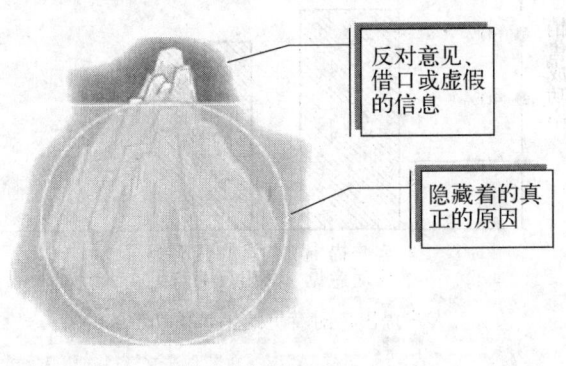

图 7

在销售过程中,银行的客户经理经常会面临客户提出的反对意见或者异议,这也是人之常情。有些客户经理一听到客户提出反对意见就紧张,觉得是一个不好的现象,不能保持正常的心态和客户沟通。

无疑,反对意见一定是达成交易的障碍,但只要处理得当,反对意见很可能转变为成交的一种信号。必须指出的是,几乎在每一次的销售过程中,客户总会提出这样或那样的异议。因此,准确把握并妥善处理客户的反对意见,是客户经理必须要具备的一项基本业务素质。

三、积极看待客户的异议

调查显示,提出反对意见的客户中有 64% 最终采购了对方的产品,见图 8。因此,当客户提出一些反对意见时,他们往往是真正关心这个产品,有比较强烈的购买意向,但是客户自身有一些要求不知道销售方是否能给予满足,这是异议产生的原因。而那些没有提出异议的客户,也许他们没有明显的需求,或对销售方的产品根本就不关心。因此,客户有异议并不一定意味着成交失败,客户经理要控制好自己的情绪,积极地看待客户的异议。

反对意见通常会发生在销售介绍的中间,针对介绍的某一点或某句话,或者产品的期限、价格、回款日期、后续服务等,但很少针对产品的全部。事实上,出现某种反对意见也可以引出一个良好的销售形势,只要了解清楚客户真正的反对意见是什么,就可以更好地根据需求来裁剪想法。

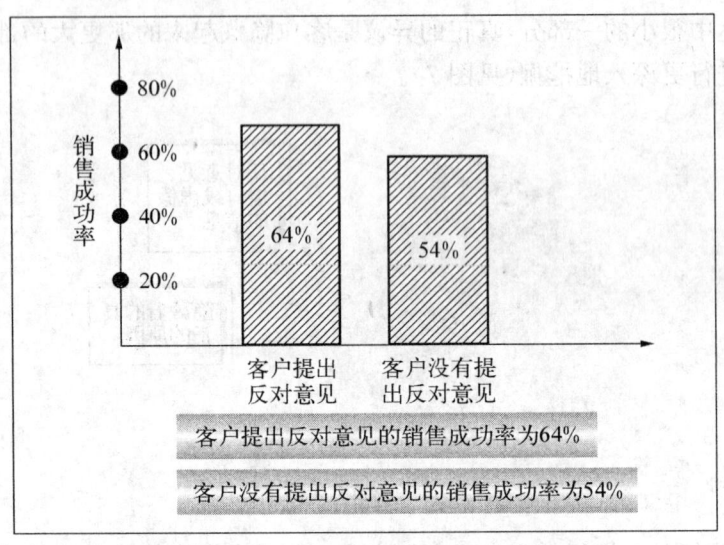

图 8

第二节 客户产生反对意见的原因

一、客户是有"个性"的

1. 每个人都是独立的、能动的主体

由于服务对象是个独立的、能动的主体,他有自己的见解和情感,这些见解和情感方面的认识通常带有片面性且又难用讲解、说服的办法加以消除。客户极可能对某些银行产品抱有偏见、成见、嗜好或习惯,又会由于对某些银行服务品牌、广告等的心理信仰,造成对某一类产品"情有独钟"。

2. 客户心情的原因

这一点客户经理在洽谈之前,也应先有所了解。当客户心境不佳时,即使想成交,他也会因一时的心情而变得烦恼。例如,故意提出各种异议甚至恶意反对,有意地阻止成交。因此,客户经理应尽量避免与客户正面冲突。

3. 客户希望展示自己,表达愿望

有的客户"好为人师",有着表现自己的愿望,希望自己的知识、才能有展示的良机。这样在销售时,他们就会为了表现出知识丰富或有主见而提出种种异议,对这样的客户,就要求客户经理有耐心,理解他们,赞同他们,采取谦虚的态度,满足其自尊心和虚荣心。

二、客户认为产品并不那么可信

当今,伪劣商品充斥市场,使人们对商品包括银行产品容易产生出一种不信任感,这使本来不健全的消费心理又变得更加脆弱,再加上一些银行产品历史业绩欠佳,功能欠缺,合同条约不公平或商品的宣传证据不充分,客户便会很自然地提出各种异议。对这方面的异议,客户经理要区别对待,妥善处理,信息要及时反馈,该提供信息的就提供信息,该改进产品的则应改进。

三、客户有"充分"知情权

每个客户都有权利充分知晓所购产品的特点,但一般客户经理总是着重介绍产品的优点或特色。目前客户的整体素质越来越高,他们提出有关产品的问题及各种异议也应该理解,且应该欢迎,因为这说明客户对商品已产生了真正的兴趣,希望了解更多的情况。针对这种类型的异议,客户经理应该以专业、耐心的讲解、别具一格的演示和充足的证明材料来彻底消除客户的疑虑。

四、客户不理解金融行业的特殊规定

金融行业有着特殊的体制和相关的规定,客户有可能对产品条款、额度限制、电子结算方式、合理定量等新的营销方式不甚理解;对客户分类办法及其具体操作的公平性表示怀疑;对客户信用等级的评定尺度不满;或客户提出的要求银行未能及时处理或处理的结果令客户不满意等。

第三节 减少反对意见出现的机会

如何减少反对意见出现的机会,关键是深入接触客户以取得对客户情况的透彻了解。对客户的了解可以让你知道客户的条件、需要、限制和机会,从而使你可以预先采取措施来防止异议,安排好在可能出现的异议前进行销售介绍。

让我们举一个减少反对意见出现的例子：通过客户渗透使你了解到，该客户在每季度的最后一个月会清点财务状况，做季度报告。了解到这一点，你便可以在那天之后去下一笔大订单。（请分析，这样做减少了哪些反对意见的出现）。

在与客户讨论你所掌握的情况时，让客户知道你了解他们的条件和限制因素，这样就可能防止出现异议的机会。

但是，不是所有的反对意见都是可以预防的。经验告诉我们，一个销售介绍虽然可能是经过周密地计划而且被熟练地陈述出来的，但买主仍然会提出异议。

一、区分不同的客户异议

为了便于我们的应对，可以把反对意见区分为两种类型：真实的和虚假的。

客户可能会提出真实的反对意见，也可能提出虚假的反对意见，有时连客户本人也说不清哪个是真正的反对意见。为了达成销售，销售代表必须要掌握区别真假反对意见的能力，并且将真正的反对意见处理到使客户满意为止，而不是去花大量的时间试图答复假的反对意见。

那么，一个合乎逻辑的问题："什么是真的，什么是假的？"对销售成交而言，这个区别是重要的。这是一个基本的，然而是必要的区别。

（一）虚假的反对意见

上面我们曾经假定过，任何一种反对意见的背后都有一种实际的、真正关心的事，这样，合乎逻辑的是：假的异议和真的异议在客户的头脑中有着同样的基础，即一个假的反对意见同真正的反对意见一样，是由一种真正的、实际的关心引起的。很多客户经理见到这种拖延或假的反对意见就停止做销售的努力，这是极为可惜的，相反他们应该进一步检验他的回答和反对意见。

1. "虚假的反对意见"的定义

客户所表达出来的想法并非实际的、真正关心的事。

2. 熟练地验证虚假的反对意见

仅仅去忽视虚假的反对意见是错误的，因为他背后隐藏着的真正关心的事你并没有发现和回答，以致仍然会导致客户的不满。相反的，我们应先着手检查验证这个异议，因为，经验告诉我们：

在不断地检查验证时，虚假反对意见趋于变化或消失。

熟练地验证一个虚假的反对意见常常能将我们引向实际问题的所在，然后我们就可以处理那件重要的关心事,处理那个使买主苦恼并阻碍着销售成交的真正问题。

3. 虚假的反对意见在检查和验证时会趋于变化或消失

假的反对意见客户很难"捍卫"。提出一系列合乎逻辑的论据来支持一个虚假的意见要比说真话难得多。因此,典型的反应是从假的异议移向真正关心的事,提出那些理由比较容易,但从客户的立场出发,则更有意义,是合理的,合乎逻辑的,同时,也是对双方都是有利的。

(二)真实的反对意见

1. 找出最关心的事

从实际的观点出发,我们假定每一个异议都是以客户实际真正的关心、理由、争端为基础的。所不同的是,某一些关心的事比其他的关心事更重要。

2. 认真处理真实的反对意见

一个反对意见可能是由于误解而产生的,但直到这些误解被消除之前,从客户的观点看来,这个反对意见都是一个真正的问题。既然我们假定每一个反对意见都是以实际的真正关心事为基础,那么真正的反对意见就是从客户的观点看他表达的反对意见是实际的、真正关心的事。且经过不断测试后,客户仍然坚持这个反对意见,同时也说明这就是客户的真正关心的事情。

> 客户:"小陈,你们银行的融资计划问题在于时间,它要提供那么多的财务资料,跨度时间太长了,我们公司现在亟需资金,这让我很难接受。"
> 客户经理:"哦,您比较关心价格。关于这个计划您还有其他想法吗?"
> 客户:"没有了,这个计划其实看起来还不错,就是时间跨度长了些。"

案例分析:了解客户真正最关心的事情,是成功销售的关键。

二、从内容区分反对意见的类型

1. 普遍型反对意见

即便是客户真实的反对意见,我们也需要有所区分:

对一类反对意见来说,该部分的客户并不是针对某一家银行、某一类产品,而是任何一个银行、任何一个产品都有可能遇到的,甚至有的客户是根本没有理财知识。例如:"太贵了"、"我没钱"、"我不需要"等等,通常情况下,这些都是一种象征性的反对意见。

因此,客户经理在回答时不一定要强调理财产品的特色,而是应该进一步探寻客户的真正需求,找出隐藏在这些话语背后的真正原因。同时,普及相应的理财知识,借此机会教育客户,体现出自身的专业性,最好能和理财产品的特征利益结合起来,则更容易说服客户。

2. 针对型反对意见

该部分客户曾经购买或者从其他渠道获悉了银行的相关理财产品,但由于对产品或是服务所代表的真正意义产生误解,因此提出了反对意见。这类反对意见直指目标,作为客户经理不能在回答时进行回避,更不能随声附和客户,而应当帮助客户从其他角度看待这些缺陷,把缺点变成焦点。

客户经理既可以供给客户足够真实可靠的信息,打消顾客的所有疑虑,也可以预先准备一些客户可能提出的反对意见,在交流中把你的答案告诉客户。

第四节 处理客户异议的正确态度

一、处理客户异议的实质

处理异议是解释客户的问题,消解客户的疑惑开端,其实质正是在管理冲突。冲突往往是由异议造成的。异议的存在和积累往往导致交易的失败。如何处理异议,是判断是否优秀的销售人员的一个十分显著的标志。传统的优秀销售人员善于采用说服的方式,进行"劝说式的销售",在遇到客户坚定的异议时,可能选择暂时搁置的处理方法,但是,有时搁置并不能解决问题;而平庸的销售人员则往往是坚持己见地导致交易的失败,要不然就走向另一个极端——让步太多而最终导致企业利益的受损(见图9)。

二、处理客户异议的风格

通常认为克服异议有两种基本风格:竞争型、合作型。现代的克服异议的理念包括两方面的内容:主张找到问题,找到客户的真实异议所在;双方共同协商找到解决问题的办法。这也是被称之为合作型的克服异议的风格。合作型相对的是传统的处理冲突的方法：
> 说服——最廉价的方式，但对方是否愿意接受劝说？
> 拖延——但问题是否就此消失？
> 彻底投降——所有人都会做。
> 单方面行动——对长久关系有何影响？
> 解决问题——双方都应觉察到同样的问题。
> 仲裁——你是否会接受强加的决定？
> 谈判——可能要求你以妥协为代价。

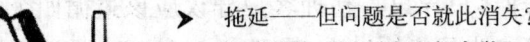

图 9

竞争型的克服异议的风格。竞争型的销售员坚持自己得到最大的利益。而合作型的销售人员则更注重考虑双方共同的利益，着眼于双方都能接受的、较为妥善的方法解决分歧，共同获得最大的利益，达到"双赢"。合作型的销售人员善于给自己的主张限定一定的范围，只要双方达成的协议在自己的范围就可以接受，并非一定要坚持使自己获得最大的利益。竞争型的销售员则着眼于最大的利益，但其结果往往导致客户也坚持最大的利益，最终双方由于利益的严重冲突而导致谈判的彻底失败。

（一）正确看待，冷静友善

作为一名客户经理，一定要有这样的心态：异议是销售的真正开始、把异议看成是成交的机会，市场的难题就是我们创新的课题、客户永远是对的。要以积极、开放、诚恳的合作心态来面对并处理潜在客户的异议。许多销售是从客户的异议开始的，通过处理异议过程中的交流与沟通，从客户身上获取更多的信息，使我们的宣传介绍更加有针对性，从而可以更深层次地了解客户的意愿。试想一下如果客户没有需求，他们还会对我们的客户服务、品牌推介等方面产生异议吗？所以对于客户的异议，不必害怕和胆怯，相反往往有异议的客户群最后将成为我们最忠诚的客户群。

（二）尊重客户，征得理解

首先客户经理应欢迎、尊重客户异议，要把客户提出的异议当作提高服务质量、促成销售成功的机会。其次客户经理应认真听取、分析客户异议。在听的过程中客户经理要做到认真听客户把话讲完、不要随意打断客户谈话并应带着浓厚的兴趣去听。在听的过程中要避免草率打断客户的话、匆匆为自己和公司辩护以及竭力证明客户的看法是错误的。

（三）审慎答复，据实以告

首先要作好充分准备。客户经理在走出银行大门拜访客户之前，应尽量先将客户可能提出的各种异议罗列出来，然后考虑完善的答复。在工作中要做好客户异议分类总结，妥善整理客户异议。整理客户异议应该遵循四个步骤：第一步是记录异议，分类统计；第二步是集体讨论，整理成文；第三步是沙盘推演，修改完善；最后一步是制成卡片，烂记于心。其次要迅速、有效、果断地采取措施处理客户异议。要用迅速、有效、果断的处理方式，以换取客户的信任。如果自己无法解决，一定要迅速反映给公司其他相关人员或者上级，以尽快给予客户答复。

三、把握客户异议的处理时机

客户经理在处理客户异议时，一定要掌握处理的恰当时机。选择适宜的时机处理常常和解决客户异议一样重要。能否选择最佳时机，是考察客户经理能力和素质的重要标准之一。学会选择最佳时机处理客户的异议也是客户经理必备的基本功。

所销售的产品和销售方法不同，客户表示异议的时机也不相同。一般来说，客户表示异议主要会出现在首次会面阶段、产品阶段、销售结束阶段。

（一）首次会面时

银行客户经理可能在银行网点与客户会面，这是坐商。此时客户会带着金融服务的需求来到网点，往往不会拒绝客户经理的介绍，不会在一开始提出反对意见；但有的时候，客户经理需要去捕捉潜在客户，需要预约或登门拜访，这在对公业务的销售中尤其如此。这是行商，客户很有可能直接拒绝。客户经理应对此事先做好心理准备，想办法说服客户。

（二）介绍产品时

在这个阶段，客户很可能提出各种各样的质疑。事实上，客户经理可以通过这些反对意见了解客户的兴趣和需求所在。如果客户在推销介绍的整个过程中一言不发、毫无反应，反而不利于判断产品介绍的效果。

（三）销售结束时

客户的反对意见最有可能在客户经理试图成交时提出。在这一阶段，如何有效地处理客户的异议显得尤为重要。如果客户经理只在前面两个阶段圆满地消除了客户的异议，而在最后关头却不能有效地说服客户，那一切的努力都将付诸东流。

为了在销售结束的成交阶段不出现过多的异议,在准备向客户做产品介绍时,客户经理就应主动回答客户有可能提出的异议,为成交打下基础,如果客户在成交前接二连三提出异议,说明客户经理前面的产品介绍工作没有做到家。

第五节 处理客户异议的程序和步骤

客户的异议主要有几种情况,误解、怀疑或者是实际工作中的缺点、实际投诉等,对这些异议采取的处理方法有澄清、证明、显示整体价值和以长补短、以行动补救等等。

一、处理客户异议要经历的程序

（一）鼓励

第一步是鼓励客户。鼓励也是最重要和最困难的步骤,因为这与一般人受到攻击时的自然反应背道而驰。人受到攻击时,都会为自己辩保。客户经理听到异议时,总是希望立即提出解答(或索性假装听不到),这是错误的处事方法。

在客户提出异议的一刻,不要急于答辩,应该坦然接受客户是有权提出异议的,并且表示自己乐意听取客户尽诉其心中疑惑,然后,细心倾听对方的说法。

一旦你找到了对方反对意见的症结所在,你要表现出你理解他们的立场。并不是说你赞同,而是表明你理解他们的难处。无形中放慢谈话的速度,用连接词语把讨论带往有利的方向,如"如果……,可以取得的收益就不仅仅是……"

同时鼓励客户发言,表示你与对方心意相通。设身处地体会客户的感受,有助于缓解敌意和抗拒情绪,感染对方把对抗态度转化为乐意与你一起解决问题。

鼓励也是让客户经理有机会思考解答客户异议的最佳方法。"我明白你何以会为此感到忧虑"或者"可以告诉我多些事情的情况吗"都是鼓励客户的话。不过,要注意,鼓励客户不等于同意客户的讲法。但你必须同意对方在异议会谈中是坦诚表达自己的感受。

在鼓励这个步骤中,必须谨记以下要点：有疑问时,请客户详细解释。

虽然鼓励是第一个步骤，但这是客户经理在处理异议的过程中必须贯彻使用的技巧。

（二）发问

在鼓励客户畅所欲言之后，向对方提出问题，以澄清异议。客户经理往往没法找出客户对某个问题的实际疑惑。很多时候，实际的异议与客户最初表达的有很大出入。发问可以找出客户具体的顾虑。譬如，你可以说："您的顾虑在哪一方面"或"您最大的疑惑是什么"。在发问这个步骤中，必须谨记以下要点：不应立即假设自已明白对方提出的异议。许多客户经理自找麻烦，原因就是自以为已经明白实际的异议，其实一点都不明白。必须确定自己听清楚实际的异议，才可以继续下一个步骤。

切勿不断重复问题，或令客户有被盘问的感觉。在发问的步骤中，要不断鼓励客户，让对方投入。

（三）确认

客户开始讲述异议的性质，而你认为自己确已明白，在回答前先查证自己是否真的了解问题所在。在继续下一步骤之前，必须清楚知道客户的想法，同时表明自己真的明白。

实际的经验表示：提出解决办法之前，必须先确定自己了解对方的异议。尤其要注意，总结你听到的意见，同客户查证自己对事件的了解程度。

（四）推介

在掌握了客户异议的性质后，客户经理就可以开始解答对方的异议，答案要尽量具体。异议及其相应的适当答案通常不外乎以下四类：

（1）误解：向对方澄清和解释。

（2）怀疑：用实例、其他客户的推荐语、示范和其他确切证据，证明自己的产品或服务有效。

（3）实际缺点：证明优点可以补缺点之不足。

（4）实际投诉：以行动补救。

（五）查证

查证客户的异议是否已解决。你可以直接问对方是否满意你的解答。若对方不满意，重复这个步骤，先鼓励客户，然后发问，以找出实际的异议。

必须确定异议圆满解决，直接问客户是否满意你的解决办法，若对方不满意，重覆上述五个步骤。

二、处理客户异议应避免的做法

（一）插话

如果回答过于老练迅速，就会引起别人的怀疑，让人觉得你好像并没有认真考虑客户究竟想要什么，没有设身处地站在客户的立场看问题。而且有时候在客户话还没说完时插话，非常不礼貌，会造成情感障碍。表明你没有充分考虑客户所说的话，忽略客户的观点。另外还可能错失一些重要的信息，导致你的回答牛头不对马嘴。就算你没有打断客户，也不要贸然回答。例如：

> 客户经理：请看看我们的"福寿满堂"保险。
>
> 客户：噢，对不起。但是……
>
> 客户经理：我知道您想要说什么，您觉得保险都是骗人的，您没想到银行和保险联手骗您，您上次买的保险买的时候条件非常优惠，而理赔的时候却推三阻四。
>
> 客户：完全正确。既然你这么有预见性，我可以想象你知道我下面要说些什么？
>
> 客户经理：坚决不买。再见。
>
> 客户：说得对，再见。

案例分析：如此与客户沟通，是非常不可取的。

（二）千篇一律

表明你早有所闻，只是在重复银行产品服务手册上的内容。而且，有些富有经验的客户经理通常会机械地应对某一种反对意见，因为他们反复听到的次数太多了。这种千篇一律的回答就像例行公事，会削弱你的可信度。

（三）争辩

看似谦恭的"您说得对，但是"的表述方式，在表达不同意对方的说法时，和"我不同意您所说的……"或"……不应是这样的，因为……"等直接的争辩方式，效果是一样的。哪怕用摇头或抬眉毛来表示有不同意见也是不足取的。赢得了争辩就失去了客户。

(四)占上风

用技术细节把客户弄得一头雾水,或者证明他们没有听明白或听错了,只会让对方觉得自己很蠢,恼火。理解客户反对意见背后的深层原因是非常有必要的,它能帮助您提高效率,因此倾听和澄清是至关重要的。另外,要摒除一切情感,因为逻辑并不会替代情感。因此理解对方的处境是首要的,沉默可以让客户经理获取更多信息,用重复或复述来明确对方的观点。

第六节 处理客户异议的常见方法

一、先发制人,提前处理客户的异议

经验丰富的客户经理都善于预测不同类型的客户会提出哪些不同的意见,客户对哪一类金融产品会产生哪些异议,并做好充分的准备。如果在洽谈中一旦有所觉察,就可以按照自己的思路与擅长的手法,在合适的时间提出对方关心的问题,并予以解释清楚。

客户经理要想有效地预防客户提出异议,就应准确预测出客户可能提出的异议。预防客户异议一般是在销售活动开始前进行的,而观察客户异议是在销售过程中进行的,如果不和客户面对面地交谈,客户经理就不能察觉异议。

如果客户经理已察觉到客户会提出某种异议,最好争取主动,抢在客户提出异议之前把问题提出来,然后予以解答。但这种预测仅限于面对面的交谈,否则就不能观察到客户的反应。

(一)先发制人法处理的好处

(1)赢得客户信任。预先回答客户的异议,能使他们认识到你没有隐瞒自己的观点,甚至认为你非常了解他,说出了他想说而未说的意见,有利于化解异议。对客户经理来说,可以争取主动。主动提出异议可按自己的意思组织措辞,相对于由客户提出要婉转得多。这样就有利于把大事化小,小事化了。如果由客户来提,意见就可能要尖锐些。

(2)可以节省大量时间,提高面谈效率。

(二)先发制人法处理的注意事项

提前处理客户异议虽然是一种比较好的方法,但是这种方法不容易恰当运用。

为了更好地运用这种方法,客户经理应注意以下几个方面:

1. 合理结合客户的具体情况

客户经理在提前处理客户的异议时,首先要结合客户的类型、客户的需求及其购买动机,提前预防的方法虽然有效,但是却不适用于自高自大、自以为是类客户购买动机的异议。

2. 做好充分的准备

处理好客户的异议离不开客户经理的准备,客户经理必须在市场调查与总结经验的基础上,在对销售对象了解的前提下,科学地预测客户可能提出的异议,然后做好处理客户异议的准备工作。

3. 要讲究礼仪

客户经理任何时候都要讲究礼仪,讲究与客户交谈的方式,而在提前处理客户异议时也不例外。客户经理在使用提前处理法时,不可将客户作为批评与反驳的对象。例如,只能说"有人……"而不能说"你可能会……"只有这样,才可以消除客户异议,又不使客户产生抵触情绪。

4. 有效淡化客户异议

提前回答客户的异议就是要主动出击,尽早解决客户有可能提出的异议。既然最终目的是消除客户异议,使客户购买产品,那么,客户经理必须淡化自己提出的异议。而且,客户经理只能对那些当前客户很可能会提出来的异议进行处理,绝不能在范围、内容与分量上强化或扩大,以便尽量减少这种方法可能产生的负面效应。

总之,客户经理在处理客户异议时,同样的答复在不同时间会有不同的效果。优秀的客户经理需要借鉴以上技巧,在实践中不断地探寻摸索,以便抓住最合适的处理客户异议的时机。

二、马上要解决的客户异议

碰到以下几种客户异议,客户经理应该马上去解决:

(一)客户提出的异议是属于他所关心的重要事项

比如客户说:"这个理财产品风险很高啊,都不一定保本,我这可是养老的钱呀。"这时客户经理马上要给他介绍另一款风险较低的理财产品,如果没有,那就建议他做定期存款。

(二)客户经理必须处理后才能继续进行销售的说明

比如客户说:"我要的是那种人民银行发行的金币、金条,其他的我不考虑买。"

那这时客户经理要赶紧介绍给他想要的产品。

（三）客户经理处理好异议，客户能立刻购买

例如，客户表示：听说这个产品容易出故障、听说这款产品的售后服务不太好。一旦碰到这些异议，客户经理就要马上解决，不能拖。所谓马上解决，就是当客户向客户经理提出不同意见或是抗议的时候，客户经理要明白这是客户所关心的，如果不解决，就无法和客户继续谈话，就无法进行销售，这种客户异议绝对不能拖延。如果客户说："听说你们的网上银行、手机银行存在很大的风险，客户的资金被别人莫名其妙地划走了。"这种情况下，客户经理就要马上否认："先生，不是的，我们网上银行是非常安全的，如果不安全能有那么多客户使用吗？但必须注意的是，您必须严格按照我们的安全操作指南进行操作，以免泄露密码等事件的发生。"否则就会对银行造成无法修复的损害，立马纠正客户的不同观点才是正确的做法。

一般来说，客户提出不同的意见后，都希望客户经理能马上给一个满意的答复，因此，果断地处理客户提出的不同意见是客户经理处理此类问题的上策。大多数情况下，客户经理对客户的大多数异议都要及时回复。及时消除异议能减少客户的对抗心理，形成良好的沟通气氛。及时回复客户异议的时候，客户经理需要思维敏捷、灵活应变，要有善变的口才、丰富的知识和一定的临场经验。

客户经理千万不能回避异议，否则客户的疑虑会更深，并拒绝购买甚至拒绝与客户经理接触。如果客户经理对客户提出的不同意见不能马上回答，必须对客户说明其中的原因并请求其谅解，以争取客户的支持与合作。马上回答，并不是让你急忙回答，可以放松一下，显示你并没有被他的问题所难住。稍微停一下，可以给予自己机会考虑回答问题的适当方式。尽管有时客户提出的问题很一般，自己能立即回答，也不必太匆忙，最好先在脑子里掂量一下。这个停顿很重要，这样客户会更加认真地聆听你的答复。

三、可以延后处理的客户异议

在某种情况下，会出现马上答复客户提出的不同意见，反而对销售工作不利，但这些异议又不能回避，这时可以采取延缓回答的办法。例如，"你期望的贷款利率是可以降到多少"、"先别说，我们待会再来探讨"。有些异议根本就不是真的，客户是想得到另外一些答案。

归结起来，可以延缓处理客户异议的情况主要有以下几种：

（1）如果客户经理不能立即给客户一个满意的答复，就应暂时搁下，推迟处

理。当客户提出涉及复杂的技术细节而客户经理又回答不了的异议时,就需要请相关的业务人员、产品经理来解答,这样的回答才具有更强的说服力。对于那些没有足够把握能马上答复的客户异议,客户经理也要延迟处理,以便给自己留出更多的时间进行思考,筛选出最佳的处理方案。

例如客户问:"咦,你这个基金产品的条款好像和基金公司提供的一样,我一次性购买100万元以上,就没有更多的优惠措施吗?"这种话题,客户经理就不能马上回答了。这时客户经理应该回答:"不好意思!我不太清楚,我马上帮您问问我们的管理部门,再答复您!"这样一来,就让客户感到客户经理确实无法立刻回答,但是很有诚意为他解决这个问题。

(2)如果客户经理认为马上答复客户的异议会影响金融方案的实施,最好不要马上回答,应推迟处理。如果客户经理认为没有必要当即反驳客户异议,可以推迟回复。这样做的目的是为了尽量避免同客户发生冲突,也是为了不使客户认为客户经理对他的观点总是持有否定的态度。还可以是客户经理处于谋略上的考虑,有意等待适当时间再予答复。

(3)如果客户提出的异议有可能会随着业务洽谈的进行而逐渐减少或消除,客户经理可以不马上处理,这样,既可以减少不必要的争执,又可以节省时间,体现了客户经理在安排销售策略上的高明之处。

(4)如果客户的异议与客户经理将要谈到的某个问题有关,可以不立刻回答,可以说"请稍等一下,下面我将要谈到的问题会说明这一点的"。

(5)"忽视"客户习惯性的异议

还有一种是习惯性的异议。比如,客户经理介绍这份贵金属产品的价格是多少,客户说:"太贵了,能不能便宜点?"其实客户说"太贵了,能不能便宜点"并不代表什么,纯粹是口头禅,客户经理不用去担心。特别要提醒客户经理的是,千万不要轻易说价格好商量,说了就麻烦大了。所以说"价格好商量"对商家来说是大忌,如果客户经理一旦说价格好商量,顾客就会开始杀价了。不到万不得已,客户经理千万不要说价格好商量。应该表示:价格方面是没有什么好商量的,一口咬定就这个价格,而不能动不动就说价格好商量。

(6)对于客户偏颇、偏激、恶意的异议,客户经理也要回避,不予回答。

有的客户还会因自身偏见,性格怪异或某种不良动机而提出恶意的、有失偏颇的、古怪偏激的异议。客户经理对这样的异议可以避而不答。如下的异议,客户经理可以不必回答:客户故意的发难、无法回答的奇谈怪论、废话、戏言等。比如,如果客户提出的是一些与洽谈业务毫不相关的问题,或者实际上是一些自我表现性的问题,或问及竞争对手的评价和看法,那么就不必回答,对于银行需要保密的信息资料,更应绕过不去正面的回答,或者委婉地说明并表示歉意。

四、用反驳法处理客户异议

> **客户**：我上次购买你们银行的产品就没有享受到免费的保险箱服务。
> **客户经理**：我明白您的意思,需要解释的是:免费的保管箱服务要求客户拥有贵宾卡,这次我们为您提供了这项服务是因为您在我行所购买的理财产品以及储蓄的总额超过了20万元,达到了享受贵宾服务的条件。

案例分析：针对客户由于自身误解、信息不完整原因导致的有明显错误的异议,客户经理应直接予以否定。

(一) 定义

反驳法处理客户异议是指客户经理根据明显的事实与理由直接否定客户异议的一种处理策略。在实际运用中反驳处理法可以增强销售面谈的说服力和客户的信心,节省销售时间,提高销售效率,使处理客户异议更加有效。但是运用不好,就会很容易引起客户经理与客户的正面冲突,增加客户的心理压力,甚至会激怒客户,导致产品销售的失败,所以,不可滥用反驳法处理客户异议。

(二) 反驳法处理的适用性

这种方法适合处理客户由于自身无知、误解、固有成见、信息不完整等原因而导致的有明显错误、漏洞、自相矛盾的异议,而对处理因个性、情感因素引起的异议却不适合。

(三) 用反驳法处理异议的注意事项

1. 必须有理有据

反驳处理客户的异议必须有合理的、科学的根据,而且是有据可查、有证可见。如果想澄清客户的异议,客户经理可以通过摆事实、讲道理的方法。在用反驳法处理客户异议的过程中,必须注意讲话的逻辑性,应首先明确客户的异议内容,明确异议的性质与产生的原因,然后,由浅入深摆出事实、证据与理由,依靠事实与逻辑的力量说服客户。

2. 需要维持良好的气氛

客户经理在反驳客户异议时,应始终保持友好的态度,这样可以维持良好的气氛。首先,客户经理应明确,如果是因客户缺乏这方面的知识而提出购买异议,自己反驳的只是他的看法,而不是他的人格。所以,在反驳客户异议的过程中,客户经理不但要关心推销结果,还要关心客户的情绪和心理承受能力,做到虽然反驳,但是绝不冒犯。客户经理应面带笑容、用词委婉、语气诚恳、态度真挚;同时,应随时注意客户的行为及表情的变化,揣摩客户的心理活动,使客户既消除了异议又学到了知识,感受到客户经理为客户着想的基本态度,从而维持良好的人际关系和合作气氛。

3. 需要继续提供信息

在反驳客户异议的过程中,客户经理应坚持向客户提供更多的信息,以新的信息反驳客户过时的信息,以真实的信息反驳客户的虚假信息。因此,客户经理应始终坚持以信息的传递与提供为基础、以推销教育为手段、以传递知识与购买标准为目标,向客户提供信息,使客户了解产品、了解客户经理,并且解除误会、增进知识、增强购买信心。

由于这种方法需要用科学合理的依据来论述问题,因此能增强客户的购买信心,避免浪费时间。但是,它也有一定的局限性,容易伤害客户的感情,使客户产生心理压力和抵触情绪。

特别值得注意的是,用这种方法处理客户异议时,应从客户的立场出发,有理有据,同时还必须适时地注入一些幽默元素,让客户心服口服,不要强词夺理,应尽量避免与客户发生直接的冲突。

五、用补偿法平衡客户异议

> **客户**:我觉得你们的信用卡,除了图案好看,并没有什么特别的地方。
> **客户经理**:是,我理解您的看法,但是我想特别强调的是,我们这种信用卡对像您这样常旅行的客户尤其好用。对于喜欢四处旅行、到处看看的人来说,办理这样一种信用卡不仅能够使旅程更加安心,还可以享受更多的便利。

案例分析:虽然客户对信用卡图案不甚满意,但客户经理适时强调了信用卡的实用与便利的特点,对客户异议起到了抵消与补偿的效果。

(一)定义

补偿法是客户经理利用客户异议以外的其他相关优点来补偿或抵消客户异议

的一种方法,这种方法也叫抵消处理法或平衡法。

利用补偿法处理客户异议体现了客户经理真诚的工作态度和为客户着想的服务精神,也是很好的一种方法。

(二)补偿法的优点

1. 有助于客户经理赢得客户

当客户对产品的某些不足之处提出异议时,客户经理坦诚地承认事实,不仅会使客户从心理上得到被尊重的满足,而且还可以赢得客户的赞许和信任。补偿法有助于重点推销,促成交易。

2. 有助于客户了解产品更多的优点

运用这种方法,客户经理不仅可以坦诚地认同客户的异议,而且还可以适时、着重地提出产品的其他优点,并通过说明和解释,让客户既看到产品的不足,更看到产品的长处,而且让客户感到并相信其长处大于短处,购买该产品是很合适的。

3. 可以给客户经理留一定的余地

客户经理承认产品的不足,可以为以后的销售服务,特别是当客户抱怨时留有一定的回旋余地。因为在此前已经跟客户明确地说过了产品的不足,并没有隐瞒或欺骗客户,购买决定是客户自己的行为。

(三)补偿法的运用性

因为任何产品或服务都存在缺点与不足,都不可能是十全十美的,与竞争产品相比确实也会有长短优劣。所以,客户经理在销售的过程中就难免会遭遇客户的异议。这时,坦率地承认问题,提出优惠的措施,可以使客户损失得到充分的补偿,平衡客户的心理。

(四)运用补偿法应注意的问题

1. 认真分析客户异议,确定其性质

在产品销售过程中,各种各样的异议都有可能被客户提出,客户经理要认真分析,并不是所有的客户异议都可以使用补偿法。补偿法主要适用于处理各种有效的客户异议。

2. 在决定运用补偿法处理客户异议前,先承认客户真实、有效的异议

客户经理必须对客户的异议进行分析。只有当客户属于理智型的购买者,而且提出的异议属于有效、真实的异议时,才可以使用补偿法处理。承认与肯定客户异议时应做到实事求是,绝不能反对、否认客户的有效异议。尽管客户异议也有不尽合理之处,但也必须先肯定与承认,因为只有这样,才可能进入成交阶段。

3. 对客户的异议进行有效补偿

客户经理必须及时提出产品与成交条件的有关优点和利益,对客户异议进行有效地补偿。销售过程中,特别是对客户异议加以肯定之后,客户经理应使客户得到认识:完美无瑕的理想产品是不存在的。一旦在这一点上与客户取得共识,客户经理就可以从新的角度,使客户的心理得到平衡,并使其认识到,产品的优点可以补偿自己在异议中所提到的缺点。

4. 对客户异议进行有针对性地补偿

客户经理应针对客户的主要购买动机作出补偿。客户经理应很好地研究客户的购买动机,了解客户对得与失的看法、对好与坏的衡量标准与界限和对购买决策合理性的认识。因为不同的客户对以上几个问题有不同的价值取向,客户经理只能针对客户的主要购买动机重点销售,才能使其接受补偿并感觉到需求得到了满足。

5. 对客户异议进行淡化、强调产品利益

客户经理在运用补偿法化解客户异议时,必须淡化客户的异议,减轻客户对异议内容的重视程度,即降低客户异议的权重系数。同时,必须强化符合客户主要购买动机的产品的优点,即加大客户购买动机中与产品优点一致之处的权重系数,这样可以调整客户的价值观念,使客户重视产品的优点,认为自己的异议得到了补偿。客户经理要记住,产品销售中是不可能补偿客户的所有异议的。运用补偿法处理客户异议,要求客户经理不直接反驳客户异议,首先承认产品的缺点,然后提出和突出产品的优点,最后才能促成交易,但是肯定客户的异议肯定会增加洽谈的难度。这种方法运用的前提是补偿的利益要大于异议涉及的损失,劝说时要淡化异议,强化产品优势和补偿的好处。

六、用询问法化解客户异议

> **客户**:让我想想,我得跟我的家人说说,考虑一下再答复您。
>
> **客户经理**:好的,张先生,我会等待您的消息,不过请别介意,我想问一下,什么会阻止您给我们这一单生意?

案例分析:通过提问的方法,可以进一步了解客户的真实想法。

(一) 定义

询问法化解客户异议是指客户经理通过对客户的异议提出问题来处理异议的

一种策略和方法。客户经理都会遇到这些情况,客户提出的异议,优势仅仅是他用来拒绝购买而随便拈来的借口。有时与他的真实想法完全不一致,有时连他本人也无法说清楚异议产生的真实原因。因此,某些情况下,很难分析判断客户异议的类型、性质与真实原因,这就是客户异议的不确定性。客户购买异议的不确定性为客户经理分析客户异议、排除购买障碍增加了困难,也为用询问处理法处理客户异议提供了用武之地。

(二)询问法化解客户异议的优点

通过询问,客户经理可以进一步了解客户,获得更多的客户信息,为进一步推销奠定基础。如果询问法运用得当,既可以为客户提供信息,又可以使推销保持良好的气氛。询问法使客户经理有了从容不迫地进行思考及制订下一步推销策略的时间;它还可以使销售人员从被动地听客户申诉异议转为主动地提出问题与客户共同探讨。

(三)询问法的适用性

客户的异议往往与他们的真实想法并不一致,因此,很难判断客户异议的动机根源,只有通过询问找出客户异议的根源,才能"对症下药"。

(四)运用询问法应注意的问题

1. 询问要及时

客户经理只有及时询问客户并了解其真实想法,才能引导他们把购买异议的真正原因说出来。

2. 询问要有针对性

客户经理不应该询问那些与销售或成交无关的、次要的或者是无效的客户异议。而只应对那些不处理就不能成交的客户异议进行询问及了解,以便提高销售效率。

3. 询问要适度

客户经理询问客户的有关异议,只是为了弄清楚客户拒绝购买的原因,因此,询问应适可而止,并注意尊重客户,不要让客户产生被步步紧逼的感觉。

4. 询问时不要向客户施压

客户经理应讲究销售礼仪,讲究询问的姿势、手势、语气,灵活运用异议处理技术,避免使客户产生心理压力。如距离客户不要太近、不要居高临下、不要用严厉的语气询问客户等。要使客户在感受到受尊重和被请教的情况下说出异议原因。客户经理在客户回答追问后应立即灵活地运用各种面谈技术消除其异议,促使其购买。总之,巧妙运用询问法化解客户异议能帮助客户经理掌握更多信息,让客户感觉到受尊重。

（五）询问法化解客户异议的局限性

询问法化解客户异议也有一定的局限,主要表现在以下几个方面：

（1）当客户有异议时往往希望得到客户经理的直接答复或明确澄清。如果客户经理不理解其心理活动,不仅没有给予简单明确的答复,反而滥用询问法去追问客户,就会引起客户的反感,甚至使客户产生抵触情绪。

（2）客户经理的询问还可能引起新的异议,造成对销售不利的局面。客户经理一再追问客户异议有可能破坏销售气氛。

（3）客户不可能完全清楚异议的真实原因,客户经理没有必要或者说不可能完全了解客户异议的最后原因,因此,滥用询问法会造成销售时间的浪费。

七、用转化法解决客户异议

> **客户**：现在股市这么好,这款保本型的理财产品,收益率这么低,我会要么?
>
> **客户经理**：我理解您的意思,从收益率的角度,您认为这款保本型理财产品的收益率比较低。需要向您解释的是,以您目前的财富水平,需要更多地从资产配置的角度来考虑。其实这两种产品并非对立关系,您可以将一部分资金放在几乎零风险的保本型理财产品上,另外一部分放在股票、股票型基金上,以换取更高的获利机会,这样才是一个稳健的财务安排。

案例分析：将客户异议转化为推销提示,让客户心理在潜移默化中产生转化。

（一）定义

转化法也叫利用处理法。转化法解决客户异议时,客户经理利用给客户异议来处理有关客户异议的一种方法。

（二）转化法解决客户异议的优点

转化法可以有效地转化客户异议,转化法可以改变异议的性质和作用,把客户拒绝购买的理由转化为说服客户购买的理由,把客户异议转化为推销提示,把不利的因素转化为有利的因素,把消极因素转化为积极因素,有效地促成交易。转化法有利于协调客户经理与客户的关系。使用这种方法是直接承认、肯定并赞成客户异议,再巧妙地将客户异议中的消极因素转化为积极因素,使得客户在心理上容易接受,有利于营造良好的推销气氛,友善处理客户异议并促成交易。

(三)转化法的适用性

客户异议既是成交的障碍,又是成交的信号,因此,客户经理可以利用客户异议本身所固有的矛盾来处理,肯定其正确的一面否定其错误的一面,利用其积极因素,克服消极因素,排除成交障碍,有效地促成交易。

(四)运用转化法的技巧

1. 先肯定客户的异议

客户的异议是转化法利用的基础,其中所含的积极因素是利用的根源。因此,客户经理先应肯定客户异议的实际性、合理性与积极性,而且要做到态度诚恳、语气热情、方式得当,保持良好的沟通气氛。

2. 对待客户异议要有区别

客户经理应该在分析与判断的基础上,对客户异议中的正确部分和积极因素进行肯定和赞美。客户异议中的正确部分与可以利用的因素存在于客户异议的内在矛盾之中。因此,客户经理应利用客户异议本身的矛盾去处理异议,例如,客户主要担心与疑虑的是价格的上涨,产品销售人员就可以通过分析,使他明白为什么价格上涨了反而更应该买。

3. 向客户传达正确的信息

客户经理正确分析客户购买动机与影响因素,向客户传达正确的信息,绝不能不负责地传达错误的信息。例如,如果产品销售人员认为价格会上涨,而且自认为有较大的概率时,才能够肯定地告诉客户"以后还要涨"。当然,对已存在的风险,也要向客户说清楚。

用转化法处理客户异议也有一定的局限性。这是因为客户经理直接转化客户异议就会使客户产生一种被人利用与愚弄的感觉,这可能引起客户的恼怒、反感和失望,或迫使客户提出新的更难处理的异议。所以,必须慎用!

八、用举例说明法消除客户异议

> 客户:我觉得这款产品的投资回报率并不高啊!
>
> 客户经理:我理解您的想法。其实很多购买这款产品的客户在开始时都会这么想,但事实上,去年购买这款产品的客户今年又竞相申购,推荐您来的朋友就是其中一位,就是因为他们享受到了这款产品的稳定收益。所以,我想您不用太担心。

案例分析：以身边的实例来引导客户，容易使客户产生亲切、可信赖的感觉。

（一）定义

举例说明法就是客户经理消除客户异议时，用列举事例的方法来引导客户同意自己的观点。

（二）举例说明法处理客户异议的优点

用举例说明法处理客户异议，客户会感到客户经理是完全可以信赖的，也只有这样，销售人员才能掌握销售洽谈的主动权，才能使销售按照自己的意图，引导着客户进行下去，从而取得事半功倍的效果。

（三）举例说明法的适用性

客户往往对客户经理有种本能的拒绝，他们不相信销售人员，认为他们是"王婆卖瓜，自卖自夸"，客户多相信自己的判断或更愿意相信他们熟知的、尊重的人的意见。现在销售学的观点认为，对客户来说，广告、销售人员的宣传和介绍说明只能起到通知的作用，而来自亲朋好友的介绍说明则能起到客观评价的作用。

（四）举例说明法应该注意的问题

首先，例证必须实事求是。运用举例说明法旨在通过真实事例引导客户消除异议。因此，销售人员所引用的事例必须真实可靠，不可杜撰、欺骗顾客。其次，例证必须适宜。销售人员选用的例证必须紧紧围绕客户的异议，能对客户产生某些影响，即除了销售人员选用的例证要实事求是以外，还必须是客户较信服、熟知的人和事，客户对该事例较为敏感，该事例的确能为打动、说服客户给予证实。如果条件允许的话，销售人员可以让客户与事例中的人联系，以证实事例的真实性。总之，举例说明法重在有理有据，只有销售人员拿出真实可靠的事例来，客户才会相信，异议才能化解，交易才能达成。客户异议提出后，为了有效地避免与客户发生冲突，也为了让客户更加信任产品和客户经理，产品销售人员可以通过介绍其他客户，特别是客户熟知、敬佩的客户的意见，引导客户认识到购买此款产品的好处，即它能给客户带来利益，以消除客户的异议，促成交易。

第七节　应对客户的常见异议

一、"请寄书面资料给我"

（一）常见情况

这是最为常见的拒绝理由。当你通过电话找到了潜在客户，他让你寄一些资料给他,很多情况下我们会很积极地响应客户的要求,并且为此很开心,相信自己在销售过程中向前迈了一大步。事实上一旦你挂上电话,客户便会又去做自己的事,你寄送的资料便会石沉大海,因为客户一天要收到许多份资料,通常都会作为垃圾邮件处理掉,既使收到并看了你的资料头脑中也不会留下什么深刻的印象。

(二)应对技巧

我曾经给您寄过一些资料,可能他们在邮寄过程中遗失了。最近几天我正好要去你们公司附近办事,到时我顺便给您送过去,如果能够花5分钟时间与您交流(或对我们的企业和产品简单介绍一下)那是最好不过了。我在去之前会再打电话给您,与您确定一下时间。

二、"我们已经有了固定的合作伙伴(或金融供应商),对现在使用的银行很满意"

(一)常见情况

潜在客户告诉我们,他们公司已经与和我们一样的一位或几位竞争对手建立了业务关系,他们对我们的某一竞争对手十分满意。这种情况下,我们要善于确认对方的潜在需求或尚未满足的需求。

(二)应对技巧

哦!那首先恭喜您找到一个非常不错的合作伙伴,当然我们也可以建立一个联系,可能也会对贵公司有一定的帮助:一方面由于我们已经和许多像你们这样的公司建立了业务关系,我们发现我们能够对你们的主要供应商所提供的服务做出有力的补充;同时我们也可以为您在选择合适的供应商时增加一个选择和比较的机会。明天我正好要去贵公司附近办点事,我想顺便拜访您一下,向您介绍一下我们公司和我们的产品,并向您当面解释一下我们为什么能对你们的主要供应商给予有力的补充。请问您是明天上午有空还是下午有空?

三、"我不是这项工作的负责人"

(一)常见情况

找不到决策者或直接负责人,有时不仅要浪费我们大量的时间,往往也会成为我们销售失败的一个重要因素。通常我们会遇到前台接待或非相关人员的不合作对待,使我们失去了找到真正负责人的机会。因此,我们在克服这一拒绝时一定要分清他是合作对象还是非合作对象,相应采用的技巧也不一样。

（二）应对技巧

1. 对待合作者的应对技巧

您好！我是某银行的小王，我想您能否帮个忙？我想找一下你们公司财务部的负责人，麻烦您帮我转接一下。在您帮我转接之前，非常希望您能告诉我他的姓名和电话号码，以便万一他不在时我还能与他联系上，不必再麻烦您！非常谢谢您！

2. 对待不合作者的应对技巧

如果是前台接待通常有两种方法：① 拨打其他职员电话绕开他；② 假设一个名字。

客户经理：我找一下王经理。

客户：哪位王经理？我们这儿有很多王经理（或我们公司里没有王经理）。

客户经理：我曾经和贵公司一位经理联系过有关购买产品方面的事情，好长时间没有联系他，我一时也想不起来他姓什么，更不知道他现在还是否在贵公司，能否请您帮个忙帮我转到贵公司管理这项业务的现在的负责人那里？

客户：好的，我帮您转到采购部李经理那里。

四、"我们没有购买你们产品或服务的财务预算（经费）"

（一）常见情况

没有财务预算通常是因为项目未列上议事日程或根本就没有购买产品或服务的计划，并不代表客户没有购买产品的经济能力。如果是真正没有购买产品经济能力的客户，我们销售人员是没有办法的，要么他就不是我们的潜在客户，要么就是客户自己想办法，我们帮不了客户。因此客户说没有预算时，千万不要说我们可以降低价格来获取客户的购买意向，因为没有预算不代表他没有经济能力，因为如果客户真没有经济能力，我们降价也是没用的。所以，客户说没有预算，通常是指没有购买计划或尚未提到议事日程上。但是，并非我们要等到客户有了购买计划或列入议事日程才去跟进客户，那个时候也许就会慢了一步，被你的竞争对手抢了先。

（二）应对技巧

张经理，我非常理解您，可能因为目前你们购买产品的事情尚未列入计划或日程上来，购买产品的经费也尚未批下来，您可能觉得现在交流为时过早，感觉您是一个办事非常实在的人。不过，我们现在已经与许多和你们情况相同的公司建立了业务关系，所以我们可以先建立一个联系，让您能够对我们公司和我们的产品有一个初步的了解，等到您的预算批下来时我们再进一步深入交谈。明天我正好去贵公司附近办点事，我想顺便拜访您一下，明天您是上午有空还是下午有空？

五、"你们的价格太高了,你们收取的费用太高了"

（一）常见情况

你可能会认为客户是力不从心。但事实不是这样的。对于客户,一个投资决策往往要花很多时间思考。你对他说了些什么,你说的东西对他是否真的有利,在讨论中,你很难得知对方是否理解。因为,你可能因为担心与他的关系而只顾听他说话,而没有给他足够的利益介绍。

价格太高,这是每次销售中都会遇到的拒绝,因为人都有还价的欲望,物美价廉是商品经济最基本的规律。当然如果你的价格确实很高,那么没有人会购买你的金融服务,你的银行也会被淘汰出局。价格是相对价值而言的,并非一个绝对的概念。因此,我们需要向客户阐明的是,我们的产品或金融服务与所报的价格是等值的,也就是一分价钱一分货,我的价格高是因为我的产品性能或服务质量好。因此当客户有这样的异议时我们应该认同客户的观点,一方面承认自己的产品价格不是市场上最低的价格,另一方面也不是最高的价格。我们的任务不是和客户商讨价格的高低,而是要向客户证明产品的价值所在,客户总是希望寻找最低的总成本方案（即低投入高产出）,而不是产品或服务的最低价。

（二）应对技巧

张经理,我非常能够认同您的看法和理解您的感受,我们的价格在市场上与同行某些产品相比确实不便宜,而与我们同品质的厂家相比我们的产品价格还是比较便宜的。价格对我们来说很重要,我们已经和许多你们这样的公司建立了业务关系,他们都觉得我们产品的性价比还是非常不错的,价格也是非常适中的,他们相信与我们合作（或购买我们的产品）能够得到合理的投资回报。

同时,我想问问您是对照什么标准与我们收取的费用进行比较的？我理解您的想法。我的一些客户一开始也有跟您同样的感受。但是,和所有的企业一样,工作都涉及成本,我愿意花一些时间向您解释我们都为您进行了哪些工作。

六、"我们过去用你们的产品,觉得不是很满意"

（一）常见情况

这种拒绝每个客户经理都不愿碰到。如果真的品质、服务很糟糕,那么你的公司将被淘汰出局。事实上大部分客户在评价一个公司或客户经理时更看重在逆境时所做出的反应,而不是您一帆风顺时的表现。因此对客户的这一抱怨,通常我们应遵循"让对方畅快淋漓的宣泄出来",善于认同和倾听。

(二)应对技巧

张经理,我非常理解您讲的问题,同时我对我们公司的产品和服务给您带来的不便表示深深的歉意,我也希望能够有机会尽可能对此予以弥补。但是以前的表现是历史数据,无论是好的情况还是不好的情况,我们都不能对未来进行保证。事实上,庆幸的是目前我们银行的产品与服务在某些方面已经有了很大的改进(或变化),整个市场运作发展相当好(举例说明一些热销的产品)。明天下午我正好去贵公司附近办事,如果您方便我正好把最近的产品和金融服务方面的改进情况向您当面反馈一下,您是明天下午3点方便还是4点方便?

七、"你们银行的金融服务没有什么特别的,我们自己公司内部也有同样的财务管理能力"

(一)常见情况

这个拒绝实际上是告诉客户经理,对方有一个非常满意的供应商,只不过是他们内部的而已。通常销售人员应根据提出问题的角色不同选择不同的回答方式。

(二)应对技巧

1. 面对中层管理者

中层管理者通常关心效率,能否把工作做好,因此我们通常要告诉他我们能帮助他们做的更好。

哦!这也是我打电话给您的一个主要原因,因为我们已经和许多向你们这样的公司建立了业务关系,我们发现我们能够对你们的内部供应所提供的服务做出有力的补充。明天我正好去贵公司附近办点事,我想顺便拜访您一下,向您介绍一下我们公司和我们的产品,并向您当面解释一下我们为什么能做到这一点,请问您是明天上午有空还是下午有空?

2. 面对高层管理者

高层管理者更关心的是投资回报收益的问题,因此我们通常要告诉他们,我们能为他们公司增加盈利。

王总,象您这样的大公司能够有自己的内部财务管理体系,这是其他公司所不能比的。我们近来也和许多象您公司一样情况的公司建立了联系,尽管他们也有自己的供应链,但是他们相信与我们合作能够获得更高的投资回报,不仅降低了成本而且投资收益率得到大大提高。明天我正好去贵公司附近办点事,我想顺便拜访您一下,向您介绍一下我们公司和我们的产品,并向您当面解释一下我们为什么能做到这一点,请问您是明天上午有空还是下午有空?

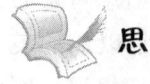 思考题

1. 请完成下表,填写金融产品与服务业务

类　型	主要反对意见
产　品	
服　务	
业务人员	
其　他	

2. 完成下列普遍型反对意见处理表格

异议类型	异议实例	可能的应答
没有钱	我现在没有闲钱	
	你们的产品收益率太低	
	别的银行收费低多了	
	你们的手续费打折太少	
没有时间	你在浪费我的时间	
	我很忙	
	我没有时间	
没有需要	我不需要	
	我已经买了类似的产品	
	现在行情不好,风险高	
没有兴趣	我不感兴趣	
	很抱歉,这事和我无关,我没兴趣	

第五章

销 售 促 成

如果客户经理先前的陈述软弱无力,那么无论采取怎样的结束方法都于事无补。同样,良好的陈述如果没有好的达成协议作为配合,往往也不能促成一笔生意。

要在最后达成协议部分取得成功,客户经理必须在头脑中保持清醒的目标。从客户处实现目标的标志是得到确认的承诺或积极的赞同,即何时达成协议。选择达成协议的时机非常重要。你可能会因为急于达成协议而前功尽弃:潜在的客户还没有获得足够的做出决策的信息,或者销售说服过于冗长令人乏味。但这也并不意味着只有唯一的"心理时刻"可供选择,只是说何时达成协议也需要精心计划。

在会谈的每个阶段,你都要通过提问来确保潜在的客户理解你所说的内容,更重要的是获得他们的赞同。对这些"肯定性回答"的确认可以使任何怀疑、反对、反驳适时地被提出来,而不会留在客户头脑中作祟。

第一节 识别客户购买信号

客户有了购买欲望,通常会不自觉地流露出购买意图,而且是通过语言或行为显示出来。这种表明其可能采取购买行动的信息,就是客户的购买信号。尽管购买信号并不必定会导致购买行为,但是客户经理可以把购买信号的出现,当作促成购买协议达成的有利时机。客户自己往往不愿意承认自己已被客户经理所说服,而是通过发出其他暗示信号来告诉客户经理可以和他做买卖了,因此客户的购买信号的识别和确认,需要客户经理具有良好的判断力与职业的敏感性。尽管现在网络技术很发达,商品的市场信息分析错误可能性在大大缩小,但是目前仍是没有任何东西能够取代客户经理对客户购买信号的识别。那么客户会怎样流露出他们的购买意图呢?

客户发出的购买信号是多种多样的,我们一般可从三个方面去识别其购买信号,这也是客户经理识别客户购买信号的三大方法:听其言(包括言词与语音、语调)、观其行和察其情。

一、从语言信号去识别

很多客户在产生了购买欲望以后往往不会直接说出来,而是在不自觉间表露心迹。那么,在洽谈中,如何有效识别客户想要购买的语言信号呢?

(一)询问使用方法和售后服务

如果客户询问了使用方法和售后服务,业务员就可以认为他在假设成交。这个时候是成交的关键时刻,业务员需要谨慎把握。有些业务员在应对了客户关于产品功能和价格的询问以后,便觉得客户过于繁琐,对客户这类问题爱理不理,结果没有捕捉到这类信号。

(二)询问手续费和支付方式

询问到这类问题,就表明客户已经准备成交。在回答这类问题时一定要注意的是交易的决定权最好交给客户,如"您什么时候方便,我们把贵金属产品给您送过来?"。相关手续要尽量简单,即使很复杂的手续,客户经理也应该尽量简单地将其表现出来。支付方式上必须简单灵活,让客户能够迅速理解和欣然接受。

(三)询问理赔方法和注意事项

这类问题也说明了客户已经假设成交,客户经理可以用假设成交法来对客户做出令其满意的回答。在回答过程中尽量不要涉及到先前未曾提及的产品缺陷,因为未曾提及的产品缺陷总是让客户感到非常震惊,客户会想:他怎么开始不告诉我?注意事项也不宜过多,过多的注意事项使客户觉得问题过于繁琐。

(四)询问申购价格和新旧理财产品比较

代销产品价格是客户比较关心的问题。当客户经理向客户报价时,客户会对价格提出质疑,自然会涉及到新旧产品的比较。在回答这类问题时,千万不要在客户未对价格表示不满时,自行降价。因为对于很多客户来说,他们根本就没有降价的意识,而客户经理的自行降价使这种意识迅速产生。

(五)询问竞争对手的产品和交货条件

客户经理在说明竞争对手的产品时,不要采取贬低和不屑的态度。因为客户经理并没有完全得到客户的信任,对竞争对手产品的贬低和不屑只会让客户觉得该客户经理推销的产品不过如此,要不也不会对竞争对手的产品存在如此之深的芥蒂。交货条件也是必须尽量简单,过于繁琐的交货条件很难让人接受。

(六)询问市场评价

市场评价的好坏是促成客户是否购买的重要因素。客户通过询问市场评价,试图得到其他客户对该产品的看法,以决定是否购买。客户经理当然不能也不会说市场评价不好,但是也不应该说市场评价相当的好,除非有数据支持。因为每一个母亲都认为自己的儿子是最优秀的,但听母亲话的人可不会如此认为。

二、从动作信号去识别

一旦客户完成了对产品的熟悉与情感接受过程,就会表现出与客户经理介绍产品时,完全不同的动作。如由静变动,动手试用产品、仔细翻看仿单,主动热情地将客户经理介绍给其负责人或其他主管职员。如由原来的动态转为静态,客户放下自己手头活儿,当真听取客户经理的介绍。如客户动作由单方面转为多方面,客户刚开始答应只试用一个产品,现在要求试用全套产品。假如客户突然变换一种坐姿,下意识地举起茶杯,下意识地摆弄钢笔,眼睛盯着仿单或样品,身体靠近客户经理等,又假如客户对客户经理的接待立场显著好转,接待档次显著提高等。客户经理要善于捕获客户的动作变化,因为这是客户购买心态变化的不自觉外露。

三、从表情信号去识别

人的面部表情不是轻易能捉摸透的,人的眼神有时更难揣测。但是客户经理仍可以从客户的面部表情中读出购买信号。如眼神的变化:眼睛滚动由慢变快,眼睛发光、精神奕奕;腮部放松;由咬牙深思或托腮变为脸部表情明朗轻松、活泼与友好;情感由冷漠、怀疑、深沉变为天然、大方、随和和亲切。客户总喜欢用肢体语言来表达他们自己对产品的爱好,这些肢体语言的变化,需要客户经理自始至终地非常专注,就比如打开的雷达一样,不断地扫描购买信号的泛起。这也就是很多"话语未几"的客户经理业绩很好的原因,由于他们一边介绍产品,一边观察客户的变化;由于他们通过提问,获得时间与精力来观察客户言谈语言、肢体语言的变化,从中捕获购买信号。

客户心情非常愉快,客户邀请我们客户经理喝茶等,都是客户发出的购买信号,此时,客户经理技巧性与礼貌性地提出成交要求,一般成交率都会很大。假如客户连续2—3次发出购买信号,而客户经理无动于衷,那么客户也许就不再发出购买信号了,因为他会觉得我们客户经理不识趣。销售无难事,只怕有心人。只要有心去识别客户的购买信号,适时进入达成协议阶段,销售的成功率就会很高。

现实情况中,当我们向客户介绍了产品的一个重要利益点,或者圆满回答了客户的一个异议,客户会发出不同的信号。我们要像十字路口的驾驶员那样,先识别一下不同的信号,再进行有针对性的处理。

例如在此,如果客户发出的是拒绝信号,我们用红灯表示;如果客户发出的是购买信号,我们用绿灯表示;如果客户犹豫不定,我们用黄灯表示。

(一) 红灯

(1)"你们这个牌子没有听说过,还这么贵!"

(2)"你吹得天花乱坠,产品哪有那么好?"(冷漠怀疑,眉头紧锁。)

(3) 对产品不屑一顾。

(二) 绿灯

(1)"你说得有道理……"

(2)"你们的售后服务怎样?"

(3)"最低多少钱?"

(4)"你真是个好销售员!"(频频点头。)

(5) 紧锁的双眉分开上扬。

(6) 突然放开交叉抱在胸前的手。

(三) 黄灯

(1)"我要和家人商量商量。"

(2)"这款产品适合我吗?"

(3)"我要考虑考虑。"(咬牙沉思或者托腮沉思。)

(4) 抓头发、舔嘴唇、坐立不安开始和同伴商量。

我们在介绍产品的过程中捕捉到客户的语言或者表情信号,要在脑海里立即予以分类,以便采取下一步的行动。要像驾驶员那样既不要在客户拒绝时闯红灯,也不要在客户示好时坐失良机。

四、及时回应客户信号

(一) 遇到红灯:挽回跟踪

如果客户发出的是拒绝信号,面对客户的拒绝,我们一般应采用以下策略:

1. 挽回

技巧一:"这位女士,请你先别急着走,好吗?请问是不是我们这几款车,你都不喜欢,你真正想找的是什么样风格或者什么用途的电动车?我帮你找一找。"

技巧二:"这位小姐,请留步。真是抱歉,刚刚一定是我没有介绍到位,所以你没有兴趣继续看下去。我再重新帮你找一下适合你的产品,好吗?谢谢你,请问……"(重新了解客户需求意图)

技巧三:"这位女士,能不能请你留一下步,我想请你帮个忙。我刚做这一行,麻烦你告诉我你为什么不想买?这样也方便我改进工作,真的非常感谢你,是不是……"

对于提高导购技能来说,弄清楚客户不买的真实原因,也许比销售出一件产品更有价值。客户购买也许只有一个理由,客户不买会有各种各样的原因。比如,心理不着急,老产品凑凑和和还能用。对产品不了解,货比三家先弄个水落石出再出手。自己不当家,需要民主表决,最好家人都同意。价格不便宜,等待商家打折再送礼。腰包不富裕,最近手头拮据,有心买货无力付钱。

2. 跟踪

面对拒绝购买的客户,我们一定要争取留下他们的联系方式,以便后期进行跟踪拜访。如果不能拿到客户的电话号码,至少把网点的名片或者产品资料递给他,以期客户主动打电话进一步咨询。同时,我们要在这个阶段判断并记录下客户的性格类型,心仪的产品类型,以便在下次沟通中,与客户一见如故。

(二)遇到绿灯:快速催单

1. 问题根源

很多客户经理都有这样的想法:只要能很好地介绍信息及产品,处理疑问,想买的客户就自然会购买。不想买的,再说多了,也没有用处。殊不知,不敢成交就少有成交。为什么有时我们不能抓住时机,扣动扳机呢?分析起来大致有以下原因:

(1)害怕客户反感:很多客户经理有这样的想法,主动建议购买会使客户产生疑心和抵触心理,反而使他们离去。

(2)心理顾忌:很多客户经理认为,主动建议后若被客户拒绝则很难堪。客户经理会经常遭到客户的拒绝,而有些客户经理把客户的一次拒绝视为整个销售失败,放弃继续努力。

(3)被动等待:很多客户经理没有受过成交技巧的训练,向客户介绍完信息及产品,解答完疑问后,如果客户没有反应便不知所措,只是等待。这样也错过了很多机会。

2. 合适的做法

(1) 直接建议法:当感到客户基本满意时,我们应积极主动地建议购买并简述购买的好处。

如,客户经理:"现在签字吧,这款固定收益率的理财产品比较适合您。"

(2) 选择建议法:如,客户经理:"现在签字吧,4.5%、5.1%、5.5%,这三款收益率不同的理财产品,您选择哪一款?"

(3) 假设成交法:我们假定客户已经决定购买,拿起客户信息表格准备填写,与客户边聊边写。

(4) 最后机会成交法:如,我们告诉客户,"这两天我们做促销活动,您现在买贵金属产品还有优惠。"

值得提醒的是,对同意交款答应购买的客户,我们要引领客户一起去付款开票,甚至在客户去开票的过程中介绍一些贵金属保养的常识和真假基本识别方法……并且不停地与客户说话,直到他把钱交了。

(三) 遇到黄灯:见机行事

客户由于信息有限、环境陌生、对自己需求不能明确,所以往往下决心比较困难,权衡之中,经常是各种因素如一团乱麻在心中缠绕,难以理出头绪。如果客户没有表现出购买信号,或者我们不能识别出来,就需要直接询问客户。话术有:"先生,您看,还有什么问题吗?"、"还有什么我没有介绍清楚的吗?"、"您是否还有想了解的地方?"

也有这样的客户,虽然感觉产品物美价廉,抱着侥幸心理想再杀杀价。这时候就需要客户经理见机行事。比如,山东一位电动车经销商,巧妙地应对一位"软磨硬泡"的客户的事例。道具其实很简单,也就是一把批发价 30 元,看起来价值 60 元的好锁。客户犹豫时,他说:"这样吧,你也别再砍价了。要么我最后再给你优惠30 元,要么我送你一把好锁,你选择吧!"(看客户反应)如果客户选择其一,正中下怀。如果客户"两个"都要,他顺水推舟,假装很不情愿,半推半就勉强答应。大多数客户都会见"好"就收。

五、当客户表现出购买意向时,还要注意的细节问题

(1) 提供后备的产品供客户选择,避免销售陷入僵局。

(2) 不要随意向客户许诺,银行产品具有自身的特殊性,销售时无法明确最终的收益,因此切勿承诺客户最终收益。

(3) 察言观色,抓住销售最佳时机。

(4) 善于控制销售时间,不要在一个客户身上耽搁太久。

(5) 不抵毁同事和竞争者。

(6) 面对拒绝,不要轻言放弃。拒绝是销售的开始,不要怕客户拒绝你。坚持下去,就可能赢得机会。

第二节 适时提出成交建议

一、识别客户的购买信号,及时提出成交建议

(一) 客户心情非常愉快时

当客户心情非常愉快、轻松时,客户经理适时提出成交要求,成交的几率会很高。例如,当客户开始请客户经理喝杯咖啡或吃块蛋糕时,就意味着这是成交的好机会。客户经理要抓住这样的时机。此时,客户的心情非常轻松,更容易达成交易。

(二) 介绍完商品说明后

在客户经理介绍完产品的特点、优势及使用方法后,若客户还愿意继续交流,说明他有购买意向。这时,客户经理要抓住时机,询问客户需要的产品型号、数量或者颜色等具体事项。这样做水到渠成,不会引起客户的反感。

(三) 解释完反对意见后

客户有反对意见是非常正常的。通常情况下,当客户提出反对意见时,客户经理就会开始向客户解释。解释完之后,客户经理会询问客户是否完全理解自己的解释说明,是否需要补充。此时,有的客户会表示认可,这是达成交易的重要信号。客户经理要抓住这一有利时机,询问客户选择何种产品。

二、适合达成交易的其他情况

判断时机是否合适,需要关注客户所表现出来的"成交信号"。所谓"成交信号",是指客户通过语言、行动、表情泄露出来的购买意图。因此,在进行销售的过

程中，客户经理自始至终都要非常专注，了解客户的一举一动，尤其是其所表现出来的肢体语言。

常见的"成交信号"有：

（一）语言信号

客户询问使用方法、售后服务、交货期、交货手续、支付方式、保养方法、使用注意事项、价格、新旧产品比较、竞争对手的产品及交货条件、市场评价等。

（二）动作信号

客户频频点头、端详样品、细看说明书、向客户经理方向前倾、用手触及订单等。

（三）表情信号

客户紧锁的双眉分开、上扬；神色活跃、态度更加友好；表情变得开朗、自然微笑或是很认真、很感兴趣的样子等等。

三、常见的适时提出缔结成交建议的方法：

（一）富兰克林法

有些客户在购买时太过小心，用本方法最为有效。大家都知道美国的富兰克林。每当他要决定一件事情，总会拿出一张纸来，在中央画一条直线，写在直线左边的表示肯定，写在直线右边的，则表示否定，甚至拒绝，为其不购买的理由。富兰克林写完后，然后再做出最后决定。换句话说就是看肯定和否定的理由，根据哪一边较为充足而做最后决定。方法非常简单。客户经理可以说："先生，你要不要也试试看富兰克林的方法？这点事情不会耽误你太多时间。"

你可以先给客户一张纸，画出肯定栏与否定栏。然后给他一点暗示。在肯定栏，多建议一些，在否定栏，则保持沉默。如此，肯定事项当然就多了。写完之后，再让客户看看，同时试探他："您认为如何呢？"

（二）心理暗示成交法

在客户心中，你必须撒播些想象和暗示的"种子"，使客户能够自我暗示享用此种产品所带来的乐趣。这些"种子"，可以使商谈顺利进行。这些想象和暗示的"种子"，可使客户本身更为积极，是让客户早些达成交易的一种催化剂。刚开始谈话时，就要给客户做有益的商品暗示或肯定暗示。

例如："先生，府上如果装上敝公司的产品，那么必然成为附近最漂亮的房子了。""本公司确定一项新的投资计划，这笔金额正好可以支付令郎的大学学费了!"

当你做出暗示之后要给客户充分的时间,让这些暗示渗透到客户的思想里,进入到客户潜意识里。当你认为这是探询客户购买意愿的最佳时机时,你可以说:"先生,您曾经浏览过这一带的住宅吧,府上的确是其中最高级的。怎么样,买我们的理财产品吧,让您的资产投资更具多元化!""每个为人父母者,都想要自己的子女接受良好的教育,您是否也曾经考虑过如何避免沉重的经济负担呢?建议您购买本公司的理财产品,如何?""您有权力利用自己的资金购买最好的理财产品。现在请您掌握时机,购买我们银行的理财产品吧!"

只要在交易一开始时利用这种方式,提供一些暗示,客户的心态就会变得积极。一旦进入交易中期阶段时,客户虽会考虑你所提供的提示,却不会太过认真。但当你试探客户的购买意愿时,他可能会再度想起那个暗示,而且会认为是自己所发现的呢!客户不断地讨价还价,也许会使商谈的时间延长,办理"成交",又需一些琐碎的手续。这些疲惫,使得客户在不知不觉中将这些暗示,当成自己所独创的想法,而忽略这是他人所提供的巧妙暗示。因此,客户一定会很热情地进行商谈,直到成交为止。

(三)选择提问成交法

本方法是提供给客户三种选择方案,任其自选一种处理。这种方法是用来帮助那些没有决断力的客户进行交易。客户只要回答询问,不管他的选择如何,总能达成交易。换句话说,不论他如何选择,购买已成定局。

采用本方法时,客户经理可以这样询问客户:"先生,您是准备趸交付款呢,还是分期付款呢?您已经具备这两种条件,怎么做都可以。""这款产品,有两种付费方式,您喜欢哪一种呢?""您认为哪种方式不会影响您目前的生活规划和质量?一次性趸交呢还是20年分期付款?""您要购买几份呢,五份还是十份呢?"

(四)推断成交法

本方法可用于那些购买产品时,考虑再三,无法决定购买的客户。有时客户会说:"我正在考虑是否购买。"这表示目前他根本不想购买。面对这种客户你必须比平时多付出一些热情,同时要专心倾听客户所说的话,而不要妄加批评。"如果不仔细考虑的话……"像这样的说法,接下去的话,一定不是明确的拒绝,而是句无意义的话。把这些模棱两可的话,变为明确的决定,便是客户经理的责任。假如你能做到的话,那么你就能说服客户了。

当客户说:"如果不加以考虑的话……"你可以充满诚意和乐观的语气说:"我

正洗耳恭听,您认为对该款产品还要加以考虑,不知是什么原因呢?(接着说下去)是有关我公司的服务吗?"如果客户说:"不是。"你赶紧接下去:"那么,是收缴首期费用较高吗?"客户又说"不是"时,你再紧接着问:"是因为交款年限的限制吗?"最后,客户只有说实话了:"是啊,我所考虑的,就是首期支付的方法呀!"你必须要连续不断地发问。直到问出眉目来,才能罢手。此时,问话中绝不要停顿,否则给对方说话的机会就不好了。如果你只是机械式地问:"是呀,凡事总得多考虑一下。"那就糟了,如果你真的和客户这样说时,生意就快失败了!

(五)侧面进攻成交法

本方法与其说着眼在客户本身,不如说是借助他的子女的兴备和天真,效果非常好。不过有时也会使商谈失败。如果运用得法,可以使客户回心转意,毫不迟疑地把商品买下。

当你初次访问有子女的家庭时,应该带些能和小朋友玩在一起的小宠物。例如,你可以带些小昆虫、天竺鼠或小狗之类的动物。总之,只要是小朋友看了喜欢,能够玩得尽兴的小宠物即可。第二次带着商品去访问时,看到小朋友时,不妨提到上次带去的小宠物,同时问小朋友说:"上次小狗玩得开不开心,你喜不喜欢呀?"小朋友说:"嗯!"你可以接下去说:"我问你,如果这只小狗给你的话,你要帮它取什么名字?"小朋友会这样回答:"我要叫它宝贝。"然后,你可在客户面前说:"好吧!如果你爸爸买下这个,那么宝贝就是你的了。"

第三节 促成交易的策略及案例

对于客户经理来说,具备有效促成交易的基本功底自然十分重要。然而,如果还能掌握有效促成交易的一些策略与技巧,则更会如虎添翼,对于提高销售业绩,可以起到相对更为明显的促进效果。

一、魔术签约法的五个步骤

五个步骤可以循环使用,也可以单独拿出来用。

(一)意向测试

目标是测试客户的态度是肯定、否定、还是也许。你可以提出这样一个问题:

"这个方案很有意义,对吗?"如果客户回答"是",他接着会告诉你一些理由促成签约;如果客户回答"否"表明客户有异议,这时候你要进行重点询问,挖掘出他为什么不签约、为什么他认为没有意义的原因,然后再对症下药;如果客户也不表示"是"、也不表示"否",怎么办呢?这时候你要从客户的表情、态度去观察,判断他是倾向于"是"还是倾向于"否",再去对号应对,这是意向测试。

(二)假定同意连带实际行动

我们就假定客户愿意购买而且采取实际行动,去促使客户签单,如果客户抗拒怎么办?比如说:"很感谢您看我们专门为您设计的方案,那么我们接下来要做一件事情,您看是明天上午十点还是下午三点我们签单呢?"就假定他愿意签字去约请时间,如果客户抗拒那么你就进行下一步。

(三)缓和

缓和也是一种试探,拔除抗拒的毒牙,它是同情而非赞美,你可以这样去讲:"我理解您的感受,我清楚您的意思,张先生,我是说假如现在签字,我并没有说真的现在签字。"用类似这样的话进行缓解,打破僵局。

(四)水落石出

水落石出就是挖掘出客户背后的真正反对你的原因。有一个工具就是"为什么"这三个字,这三个字有三种问法:一个叫做直接问句、一个叫做间接问句、一个叫做括号系统。直接问句就是直接说"为什么","为什么您觉得时间不宽裕呢"?有一些时候不能问直接问句了,如果问就会出问题,比如客户说"我没有钱",你总不能直截了当的问客户"你为什么没有钱"?那就不妥当了,你要换一种说法"为什么您觉得付款方面有一些问题呢"?这就会达到一个缓和的效果。间接问句是"为什么您觉得……为什么您认为……"第三个问句叫做括号系统,它的问句是这样的,"为什么您觉得或为什么您认为(客户的话)就会影响您签单呢"?我们为什么要加入客户的原话?是为了增加这句话的可信度,我们知道每个人的名字都希望在对方的口中说出来,每个人都希望自己的话被别人引用从而感觉到自己受到重视,你引用他的原话,证明你说的话不是凭空而来,是专门针对他的问题而定,他会觉得特别的可信,例如"为什么您觉得您老公在外就影响您签字呢?"要适时提出括号系统的问句,引导客户做出更具体的回答。这是第四步水落石出。

(五)二度销售

二度销售就好比一个足球运动员在球门外面临门一脚把球射进去,你可以用一个案例、一个故事、一个趣闻来推动他,让他尽快签单,这是促使行动的一个很好的做法,我们经常在做保险时会遇到这种情况,跟客户讲:"张大娘,我们上周就遇到这样的客户,我让她签单她不签,结果这周果不其然,她出去时不小心就被车撞了。那个阿姨非常非常的后悔上周为什么就没把这个单签了。张大娘,您别再犹豫了,您赶紧把这个保单签了吧。"这就是魔术签约法的五个步骤。

二、有效促成交易的八个方针

(一)假定准客户已经同意购买

当准客户一再出现购买信号,却又犹豫不决拿不定主意时,可采用"二选其一"的技巧。譬如,推销员可对准客户说:"请问您要那部浅灰色的车还是银白色的呢?"或是说:"请问是星期二还是星期三送到您府上?",此种"二选其一"的问话技巧,只要准客户选中一个,其实就是你帮他拿主意,下决心购买了。

(二)帮助准客户挑选

许多准客户即使有意购买,也不喜欢迅速签下订单,他总要东挑西拣,在产品颜色、规格、式样、交货日期上不停地打转。这时,聪明的客户经理就要改变策略,暂时不谈订单的问题,转而热情地帮对方挑选颜色、规格、式样、交货日期等,一旦上述问题解决,你的订单也就落实了。

(三)利用"怕买不到"的心理

人们常对越是得不到、买不到的东西,越想得到它、买到它。推销员可利用这种"怕买不到"的心理,来促成订单。譬如说,推销员可对准客户说:"这种产品只剩最后一期了,短期内不再发行,您不买就没有了。"或说:"今天是优惠价的截止日,请把握良机,明天您就买不到这种产品了。"

(四)先买一点试用看看

在准客户想要买你的产品,可又对产品没有信心时,可建议对方先买一点试用看看。只要你对产品有信心,虽然刚开始订单数量有限,然而对方试用满意之后,就可能给你大订单了。这一"试用看看"的技巧也可帮准客户下决心购买。

(五)欲擒故纵法

欲擒故纵,"擒"是目的,"纵"是手段。怎么运用这"纵"的手段呢?诀窍是:当你和客户交谈时,可以表示出一种漫不经心的态度,就是说对能否向他们销售出商品毫不在意。这种态度很可以引起客户的兴趣。为什么会这样呢?道理并不复杂。

有些准客户天生优柔寡断,他虽然对你的产品有兴趣,可是拖拖拉拉,迟迟不做决定。这时,你不妨故意收拾东西,做出要离开的样子。这种假装告辞的举动,有时会促使对方下决心。还有客户经理在销售时并不像特别认真的样子,客户就会认为销售的产品前景看好,"皇帝的女儿不愁嫁不出去",或者认为客户经理怠慢自己。前一心理,会调动起他的购买欲;后一心理,会增强他的表现欲,他会想方设法让他人看到客户经理是怎么失职,也就是说想表示自己这样一名重要人物是怎么被漫不经心的客户经理怠慢的。但不管什么心理,给销售带来的都是成功的机会。这些策略尤其适用于那些刚愎自用、自以为是的客户,所以,客户经理要注意学会使用这一策略。

（六）反问式的回答

所谓反问式的回答,就是当准客户问到某种产品,不巧正好没有时,就得运用反问来促成订单。举例来说,若客户问:"你们有挂钩白银标地的投资理财产品吗?"这时,客户经理不可回答没有,而应该反问道:"抱歉!我们目前没有推出,不过我们有挂钩利率、外币、股票市场的理财产品,在这几种理财产品里,您比较青睐哪一种呢?"

（七）快刀斩乱麻法

在尝试了上述几种技巧后,都不能打动对方时,你就得使出杀手锏,快刀斩乱麻,直接要求准客户签订单。譬如,取出笔放在他手上,然后直接了当地对他说:"如果您想赚钱的话,就快签字吧!"

（八）拜师学艺,态度谦虚

在你费尽口舌,使出浑身解数都无效,眼看这笔生意做不成时,不妨试试这个方法。譬如说:"某某经理,虽然我知道我们的产品绝对适合您,可我的能力太差了,无法说服您,我认输了。不过,在告辞之前,请您指出我的不足,让我有一个改进的机会好吗?"像这种谦卑的话语,不但很容易满足对方的虚荣心,而且会消除彼此之间的对抗情绪。他会一边指点你,一边鼓励你,为了给你打气,有时会给你一张意料之外的订单。

三、促成交易的策略与技巧

常见的促成交易的策略与技巧有数十种,以下通过简单的介绍和案例教给大家几种促成交易的技巧。当然,这些还需根据客户经理性格、个性、教育背景以及所在公司地域文化等不同而受到不同程度的采纳利用。客户经理在具体的使用中,若能结合自身个性及公司的实际情况融会贯通,灵活应用,则必将产生较好的收益。

（一）以退为进策略

顾名思义,以退为进的策略就是指客户经理在暗示或示意潜在客户尽快达成一致以促成交易的时候,遭遇潜在客户或模糊或明确的抵制或拒绝后,所采取的一种继续寻求合作的进攻策略。

客户经理要么没有把握好时机向潜在客户提出了达成交易的提议,要么就是潜在客户对客户经理的销售方案在某些方面还存在疑问或者销售方案造价过高等,这些都可能遭到潜在客户的拖延、抵制或拒绝。在这种时候,客户经理要迅速思考并努力找到潜在客户究竟因为何种原因做出这种拖延、抵制或拒绝,以便有的放矢地采取应对措施。

在大多数情况下,客户经理可以通过打探潜在客户的不满而获得相关的原因,进而采取措施,比如修订方案、降低对潜在客户的配合要求或者缩减项目造价等。修订后的方案,即使仅做了微小的调整,在潜在客户看来,客户经理都是根据其暗示或不满做出了让步,这样以退为进就很容易地促成交易合作了。以退为进促成交易的策略,其基本出发点是由于社会成员间存在着互动共荣的特点。该策略最适用于平易型的潜在客户。

（二）循序渐进策略

所谓循序渐进策略,就是指客户经理与潜在客户首先通过小额、小范围或短期的合作尝试后再逐步扩大合作的金额、领域或合作期限等的一种试探性销售策略。循序渐进策略特别适合于那些对于客户经理所在公司不是十分了解,但又对客户经理所销售的产品或服务有明确需求的客户。

对于客户经理来说,如果在销售过程中遭遇到上述类型的客户,若事先预估不能首次就实现大额、大范围或长期的合作,那么改用循序渐进的策略则可能是一种有效的促成交易的手段。因为循序渐进的策略对于潜在客户来说,可以做到有效降低风险,因而容易达成一致,尽早促成交易。循序渐进策略的顺利推进,需要客户经理确保与潜在客户的首次合作能够得到客户的高度认同。

（三）循循善诱策略

循循善诱策略,遵循内在的逻辑一致性推导潜在客户的惯性思维。如果客户经理在与潜在客户的接触、沟通中,已经知悉潜在客户的思维习惯,即只要符合逻辑的推导,就会认可推导的结果。那么,在这种情况下,客户经理就可以向潜在客户提出一系列精心设计、策划的问题,这些问题必须覆盖了影响潜在客户做出购买决策的关键因素,如果客户经理能够确保潜在客户对这些问题的回答都是肯定的,那么顺理成章地最后提出要求尽早达成交易的问题,潜在客户也就不好推迟或拖延。

使用循循善诱的策略,要求客户经理具有较高的逻辑推导能力,而对于精心设计与策划的问题,也要求做到天衣无缝,至少让潜在客户不会有认为牵强附会的感觉。客户经理在向潜在客户提问的时候也需要态度温和,注意把握好节奏,这样才不至于让潜在客户感觉咄咄逼人的气势。

(四)实证借鉴策略

实证借鉴策略,就是指客户经理事先预估潜在客户可能在要求促成交易的时候会在哪些方面提出问题或异议,而就这些问题或异议的解决准备的实证事实依据。若实证事实依据能够迅速地消除潜在客户的种种顾虑,则能促使潜在客户快速地做出购买决策,尽早促成交易的达成。该策略适用于谨小慎微的平易型与思维型潜在客户。

(五)对比平衡策略

该策略又称为"T"型策略,即运用对比平衡方式来促使潜在客户做出购买决策。客户经理需要在潜在客户参与的情况下,在一张纸上画出一个"T"型分区,客户经理与潜在客户一道来完成对比分析,将潜在客户购买的原因一一列举在"T"型分区的左边,同时将不购买的原因列举在"T"型分区的右边。

运用"T"型策略,要求客户经理根据轻重缓急对需要解决的问题进行排序,客观而全面地列出购买或不购买的原因。虽然潜在客户不在场也可以做"T"型分析,但建议最好能有潜在客户的积极参与,这样不仅能加快"T"型分析,而且能使"T"型分析更为深入,进而激发潜在客户的购买愿望。这种方法特别适合于分析型的潜在客户,因为这符合他们强调理性的沟通风格。

(六)综合提炼策略

在促成交易阶段,使用综合提炼策略,就是将客户经理以前拜访潜在客户时双方已经达成的共识一一加以复述,从而促成潜在客户尽早做出购买决策的一种手段。采用这种策略,可以从正向和反向进行归纳,利用逻辑性的特点,便于潜在客户进行回忆与联想。不过,采用这种策略需要注重首要性、重复性与深刻性。所谓首要性,就是开始就要开宗明义地提出重要内容与关键要点;重复性,就是将可能合作的重要内容,从不同角度多次提出并与潜在客户不断探讨;深刻性,则是用不同的措辞描述关键要点与重要内容,用相关案例与潜在客户交谈,以使潜在客户留下深刻的印象。

（七）稀缺性策略

所谓稀缺性策略,就是指向潜在客户表明客户经理所在公司的产品或服务的稀缺性,以此暗示潜在客户,如果不尽早做出购买决策,就可能"过了这个村,就没有这个店"或者晚了做出决策,就可能排队等待产品或服务。使用稀缺性策略,需要客户经理对自身公司的产品或服务有一个客观的认识,且在与潜在客户的沟通中注意语气、气氛,避免给潜在客户一种要挟的感觉。

（八）投石问路策略

该策略与循循善诱策略有相似的一面,也是通过设计提问来激发潜在客户尽早做出购买决策,但不同的是,该策略中的提问不是直接针对影响潜在客户做出购买决策的关键问题或因素而设计,或者说该策略中的提问并不直接促成交易,而仅仅是探测潜在客户对于客户经理即将努力促成的交易的思想准备或反应。如果潜在客户对试探的反应是积极的,则客户经理就可以建议早日达成合作;若潜在客户的反应较为谨慎,则客户经理应在不令对方尴尬或者抵触的前提下,帮助潜在客户梳理思路,消除潜在客户的担忧或顾虑。

（九）一诺千金策略

该策略的动人之处在于客户经理向潜在客户做出的庄重承诺。使用该策略的注意事项是客户经理需要知道自己究竟能在哪些方面做出承诺以及能做出那种程度的承诺等,以避免不了解事实而做出不能达到的承诺。对客户经理来说,做事先做人,销售产品之前先推销自己,客户经理一旦向潜在客户做出承诺,就一定要努力兑现,这样当客户经理向潜在客户提议尽早达成交易的时候,潜在客户也才会爽快地同意。

（十）请将不如激将策略

激将法的内涵是：用富有刺激性的语言激发对方的某种情感,让对方的情绪发生冲动,失去理智,在冲动情绪的驱使下去做我们期望他们去做的事。比如,在美国某商店,一对夫妇对一枚钻戒很感兴趣,但嫌价格太贵,便犹豫不决。客户经理见此情景,便对他们说："有位总统夫人也对这枚钻戒爱不释手,只因为贵没买。"这对夫妇听了,马上掏出钱来,买下了这只钻戒,而且还得意非常。

俗语说："请将不如激将。"如果那位客户经理从正面开导劝说,那对夫妇未必能下决心买下那枚钻戒。而反面的激将,倒促使他们下了决心。因为人都有自尊心，荣誉感，这对夫妇也不例外。当他们听说某总统夫人也喜欢这枚钻戒，但因为昂贵没有买时，强烈的自尊、争强心被激发出来了。于是客户经理便达到了目的。

激将法虽然是销售谈判中常用的语言策略，但它也是有局限性的，要求销售客户经理注意：

1. 用激将法要看准对象

激将法并不适用于任何人。一般来说，它多适应于那些谈判经验不太丰富的，容易感情用事的人。至于那些办事稳重、富于理智的经验老成者，激将法就很难在他们身上发挥作用。而对于那些谨小慎微、自卑感强、性格内向的人，也不适宜用激将法。因为富有刺激性的语言会被他们误认为是对他们的挖苦、嘲笑，并极可能导致怨恨心理。所以，使用激将法要看准对象。

2. 用激将言辞要有讲究

并不是什么语言都能激发起对方的情感。锋芒太露、太刻薄，容易形成对抗心理；而语言无力，不痛不痒，则又难以让对方的情感产生波动。因此，在激将时，一定要注意言辞的"度"，既要防止"过"，又避免"不及"。

3. 用激将法要顾及态度因素

必须指出的是，激将一般用的是言辞，而不是"态度"，切不可为了激将而甩脸子、拍桌子，这不仅有损谈判者的风度，还可能让对方产生厌恶的心理。据说，赫鲁晓夫在谈判时就常用摔鞋子的手段来刺激对手，结果，不仅没有达到目的还成为谈判界的笑话。

（十一）特殊服务策略

特殊服务策略包括特殊供货、特殊付款条件、特殊结算方式以及特殊售后服务等若干种。该策略针对那些犹豫不决、拖拖拉拉不愿尽快做出购买决策的潜在客户很有用。因为采用特殊服务策略，意味着客户经理向潜在客户暗示，现在决定购买，就能享受某种特殊的服务。这往往是客户经理为争取某些重要客户而做出的一种政策性倾斜。对潜在客户来说，特殊服务策略让他们感到在与客户经理的持续谈判中他们占据了主动，获得了更多，因而能很快促成交易，达成合作。

事实上，除了上述的策略之外，有效促成交易的策略还有不少，比如赞美、总结、利益分享、合作远景等。对客户经理来说，熟知这些策略，并能根据自身情况及潜在客户的不同类型而灵活应用才是最为重要的。没有最好的达成销售的方式,只有最好的达成销售的时间。如果陈述很完整:肯定性回答和购买信号非常多。这个时候,客户是最深信不疑的,所以这就是最好的促成交易时机。客户经理要准备并且实践多种方式,看哪一种最适合自己,然后就可以从容应对了。

第六章

客户关系的管理与维护

开篇案例

"创新模式,长期培育"——交通银行对小企业客户关系维护

小微企业是实体经济的根基,也是我国经济转型的关键。国家对小微企业的支持出台了多项政策,并且要求银行加大对小微企业的扶持力度。

交通银行一贯把小微企业看作重要的客户群,在支持小微企业中作了很多的探索,通过一系列的措施加强培育和维护小微企业客户关系,取得较好的效果。

在2002年,交通银行就推出了"小巨人"企业培育计划。这也是交通银行维护发展小微企业客户关系的一项重要举措。首先,交通银行把小微企业进行了客户细分。把"小巨人"企业培育计划的受惠对象确定在符合国家十五发展规划的科技类、都市型、社区服务型的小微企业。

在培育服务中与政府的支持配套。对列入地区政府扶持名单的,符合国家产业导向、处于成长期、有发展潜力的小微企业,计划通过两年的培育,发展为行业中的"小巨人"企业。这是银行在维护客户关系中体现与客户共同成长的重要方式。

在具体的维护中,交通银行利用银行的优质资源,给予小微企业信贷支持:优先安排贷款额度、给予优惠利率、实施部分免担保等措施,还开辟了为小微企业服务的"绿色通道"。这种差异化的服务使客户感受到银行的重视,在维护客户关系的过程中往往期待良好的效果。

交通银行和这批小微企业签订了培育扶持的协议,承担培育和支持的职能。与此同时,交通银行还利用社会资源,为小微企业提供关系维护。银行组织自身的业务专家,以及社会各类管理专家,对小企业在发展过程中遇到的问题进行诊断,提供企业管理的智力服务,包括财务管理、理财咨询、市场分析、技术指导、法律援助等跟踪服务。对部分可能获得国家支持项目的小微企业,交通银行还联系国家有关政府部门,在政策、信息、市场等方面给予指导。银行的这些努力就是在客户关系维护中提供了增值服务,超越了客户的预期,满足了客户的成长需求。

十年以后,交通银行更是完善对小微企业的维护模式,从优质服务发展到创新服务。2012年10月24日,上海《解放日报》头版刊登了交通银行上海市分行开设"实验基地",探索支持小微企业服务的跨界转型的报导。

银行对科技企业的支持是长期以来的疑难问题,传统的银行习惯在信贷业务中关注企业的抵押物,依赖企业的业务报表。而科技型企业往往是"人脑加电脑",缺乏抵押物,企业运行也和一般传统企业有很大的差别。这在银行的业务经验积累中没有成熟的参考。于是,探索、创新成为维护客户关系的新课题。

在总行的指导和鼓励下,上海市分行行在上海高科技产业区的张江地区设立了"科技金融创新产品试验基地"。这个基地的功能不仅是可以设计符合科技小企业特殊需求的金融产品,还允许修改完善银行内部的运营流程。经过一段时间的运行,交行已经开通了"五大试点",将基地的产品、经验、团队、流程复制到下属支行的"五大试点"园区,扩大了试验成果的运用。

交通银行在维护科技型小微企业客户关系中,突破了原来传统的思维,对企业的支持,不局限看有没有抵押物,而看行业的兴衰、关注创业者的精神和个人管理能力,以及判断企业未来的预期。

交通银行的"科技金融创新产品试验基地"利用专业团队,开发出"科灵通"科技型企业的金融产品,以知识产权交易和无形资产作为价值认定,同时探索降低对科技型小微企业贷款风险的办法,做到银行和企业双赢的局面。

在交通银行的支持下,一批企业获得银行的贷款和综合金融扶持,得到了发展的机遇。有的企业还因此顺利完成股份制改造,开启了创业板的上市计划。

交通银行对小微企业的培育,实质上是客户维护的有效途径。一方面,

> 通过这种差异化的优惠扶持,让客户感受到银行的尊重和关怀,增强了企业对银行的认同感;另一方面,交通银行在业务中,不仅通过创新,突破了传统信贷业务的一些瓶颈,加大对小微企业的贷款支持,而且在金融服务上,提高审批流程,加大结算、理财服务,甚至引入风险投资、投贷联动,大大加强了客户对银行的需求"黏度"。这种"黏度"正是客户关系维护的"质量标准"。

第一节 概 述

一、客户关系管理的含义

实施客户关系管理是现代商业银行战略转型的核心内容。客户关系管理(Customer Relationship Management,简称CRM),包括对内和对外两层内涵:一是客户关系管理作为一种银行经营战略,以客户为中心贯穿经营的全过程,提高客户满意度和忠诚度,培育更强的客户吸引和维持能力,最大化客户的收益率。二是客户关系管理作为一种新型的管理模式,实施于银行的客户营销和客户服务,同时也是银行内部推行流程银行的基础。

在银行产品销售过程中,根据交易前、交易中和交易后的不同情况,可以把银行与客户的关系分为三个阶段:客户储备阶段、客户营销阶段和客户维护阶段。客户储备阶段是当银行确定了销售目标后,尚在积累营销能量,逐步加深与客户的关系,等待营销机会;客户营销阶段是银企的供需已经成熟,银行通过网点、电子渠道和客户经理销售产品的阶段;而客户维护阶段则是在交易后,银行为了获取客户永久的价值从事的客户关系的管理。

二、客户关系维护

(一)客户关系维护的意义

客户关系维护是银行的售后服务。实现产品销售是获取了客户的显性价值,而客户关系的维护能够进一步获取客户的潜在价值和成长价值。当一个客户在银行开立了账户,或者完成了一笔业务交易,它只是客户关系建立的起步,从此意味着银行的客户关系管理将进入漫长的路程。良好和有效的客户关系维护会给银行带来源源不断的利益回报:会使客户产生再次购买银行产品的行为;会为银行带来好的口碑,从而提升银行的无形资产;会利用客户自身的社会关系,为银行介绍新的客户;会积极向银行反馈市场信息和客户对银行产品运用体验的建议,有助于银行改进服务,开发产品,提高市场竞争力。相反,如果客户关系维护不力,甚至破坏了客户关系,那不仅会失去客户,使银行原来的销售成果得而复失,严重的还会影响银行声誉,所以客户关系维护在整个客户关系管理中显得尤为重要。客户关系可分为忠诚、游离和非合作状态。客户关系管理的目标就是提升客户对银行的忠诚度。

(二)客户关系维护的提出

客户关系维护的提出是伴随着我国金融市场化和银行竞争不断完善起来的。随着经济的发展和社会财富的积累,无论是企业客户,还是私人客户,都出现了多元化的趋势(如图10)。

图 10

(一)客户分类对客户关系维护起到了决定性的作用

1. 客户分类方式

(1)以客户特征为标准:

① 产业和行业特征;

② 不同的组织形式;

③ 组织规模(特大、大、中、小);

④ 经营状况(五级分类：正常、关注、次级、可疑、损失)；
⑤ 生命周期(进入、成长、成熟、衰退)；
⑥ 地理区域。
(2) 以银行与客户关系为标准：
① 按贡献度大小(重点、普通、潜在、限制)；
② 按客户对金融的认知程度；
③ 按客户关系(核心、潜在、临时)；
④ 按使用本行金融产品地位和频率(高、中、低密度)。

客户关系维护是和银行客户细分理论密不可分的。开展客户关系维护是建立在市场客户细分、客户识别和实施银行业务流程基础上的。不同类型的客户采取不同的客户关系维护方式，运用不同的银行资源来进行维护，其中主要是研究和实施对重要客户的关系维护。

银行客户关系管理的发展经历了从 4Ps 到 4Cs 再到 4Rs：
——4Ps(产品、价格、渠道、促销)，以银行为主；
——4Cs(需求、成本、便利、沟通)，以客户为主；
——4Rs(关联、反应、关系、回报)，追求银行和客户双赢。

2. 银行客户关系维护也是商业银行推进流程改革的一项重要内容

业务流程的构建包括两个要点：一是针对客户价值贡献度的大小，区分核心业务流程和边缘业务流程；二是根据客户收入和信用的区别，实施业务流程的多元化。

银行在客户关系维护中还运用了"三位一体"的渠道优势。对于重要客户，银行的维护不仅依靠网点内的高端客户专区(低柜、VIP 理财区、私人银行部)，还不断发展电子渠道(客户电话服务中心、网上银行等)，更重要的是发挥客户经理队伍的作用(见图 11)。

此外，客户关系维护的效率不断提高和银行采用技术手段也是相关的。优质的客户关系维护需要通过系统技术积累和处理客户信息，使客户关系维护更具有针对性和有效性。

(二) 客户关系维护与客户金融消费行为研究

要做好客户关系维护，前提是对客户的金融消费行为进行研究。银行是一个特殊的服务行业，客户的金融消费行为也有其特殊性。当客户已经购买了银行的产品，会体现不同的反应，从而导致不同的金融消费行为：

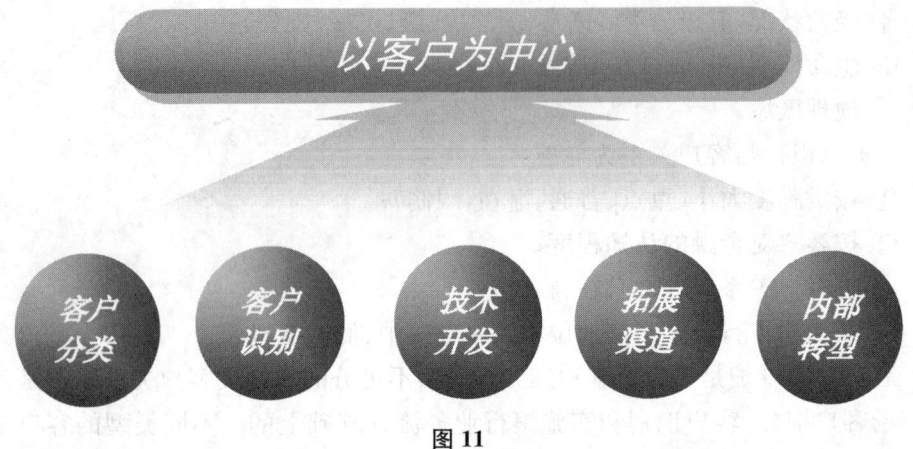

图 11

1. 对金融消费认知度的差异性

在银行的客户中有不同的消费类型：有的是盲目型的，其对银行业务和金融消费认知中十分主观的，甚至是错误的。这类客户虽然已经选择银行和选择产品，但是缺乏理性的决策。有的是跟从型的，其对银行产品的选择是为他人左右，没有自己的主见，对金融消费的认知度很低；但是也有的客户对金融消费的认知非常高，很理性，对这类客户的推荐和引导必须十分专业。因此，维护客户关系要根据客户对金融消费的认知差异而采取不同的方式。

2. 针对购买银行产品或接受银行服务后不同的满意度

客户关系维护是面对已购买银行产品的客户，这些客户对银行服务或产品的满意度是不同的。

（1）客户满意的三个层次（纵向）（见图12）：

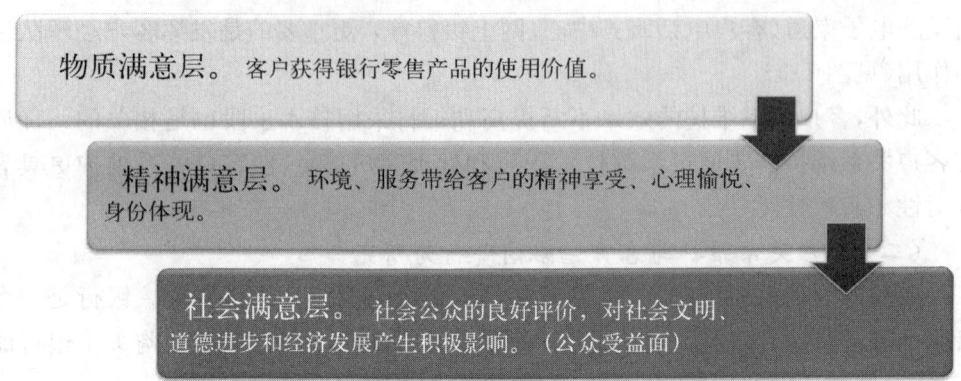

图 12

(2) 客户满意的五个方面(横向)(见图13)：

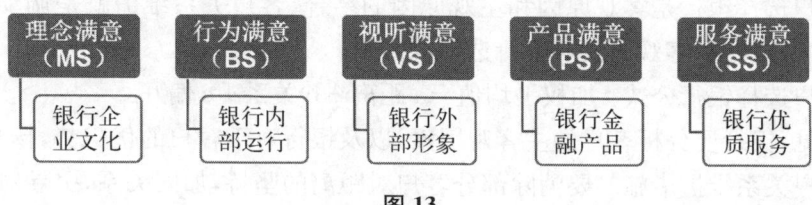

图 13

(3) 客户满意价值构成：

总客户价值：金融产品价值、金融服务价值、企业形象价值。

总客户成本：融资成本、时间成本、精力成本、交易成本。

客户满意：增加总客户价值、降低总客户成本。

(4) 客户满意度分析：

调查内容：产品满意度、服务满意度、整体满意度。

指标测评：

价值均衡＝客户心理感受/客户付出代价；

客户满意率＝满意客户/被调查客户；

产品使用价值＝用后价值/预期价值；

(5) 客户满意的具体作用：

赢得忠诚客户(客户关系)，建立客户群；

推进商业银行再造(理念、流程、管理、文化再造)；

提升客户关系管理和维护策略。

对于不同满意度的客户，银行应对应采取不同的客户关系维护对策。特别是对于已经表示不满意的客户，应该采取危机处理预案，挽回客户的信任。

3. 对银行贡献度的大小

客户关系管理是银行从"以产品为中心"向"以客户为中心"转型的一个标志。以客户为中心就是在对客户进行分类的基础上，进行客户识别。

通常我们把银行客户按对银行业务的重要性分为大众客户、中端客户、高端客户和私人银行客户，他们对银行的客户关系维护要求不一样。

与此同时，客户对银行的贡献也大小各异。按客户对银行贡献度的大小，可以把客户分为重点客户、普通客户、潜在客户和限制客户。为此，银行要针对性地采取客户关系维护措施。

4. 使用银行产品的偏好和频率

客户选择银行是客观原因和主观原因的结合,客户关系维护就是调动客户的主观因素,以减少客观因素对银行选择的影响。

客户选择银行公式:加权平均值＝a 距离＋b 关系＋c 偏好

可见,银行要分析客户的主客观因素,以及银行对于客户的优劣势,扬长避短,采取客户关系维护措施。要消除部分客户对距离的坚持,加固关系,引导对银行服务和产品的偏好。

同时根据客户对使用银行产品的频率可以分为高、中、低密度,客户关系管理就是要把提高客户使用银行产品频率作为一项重要目标。

5. 银行客户关系的生命周期

所谓银行客户关系生命周期,是指银行与客户的关系所能维持的时间,也是客户对银行从不熟悉到熟悉、从不信任到信任、从不需要到需要,从无业务到有业务往来,从需求频繁到需求减弱,再从信任到逐渐疏远的变化过程。客户与银行的关系看起来变化多端,纷繁复杂,但实际上基本都是遵循客户关系生命周期的变化规律。

(1) 培育阶段:

银行对客户进行市场细分,确定目标客户群,并通过市场调查识别目标客户的需求,然后针对这些需求采取有效的营销手段吸引他们对银行的注意,使目标客户逐步对银行产生一种认知。在此阶段,银行与客户之间并没有发生真正的接触,客户基本都是通过各种信息渠道来了解银行,银行则是通过各种营销渠道和手段来培育客户关系。对银行来说,客户此时只是潜在客户;对客户来说,该银行也只是他们可选择的众多目标银行之一,银行与客户之间的关系还很脆弱。在这一阶段,银行的宣传推广等营销手段和口碑传播至关重要,它们的好坏直接影响客户对银行的决择,影响到银行与客户关系的进一步发展。

(2) 确认阶段:

通过宣传推广等营销手段和行业口碑传播,客户在持续认知的基础上开始考虑是否选择该银行。客户通过对选择该银行所期望获得的价值和准备付出的成本的评估,决定其选择。一旦客户决定选择该银行,那么潜在的客户就变成了现实的客户;直到客户购买了银行的产品,客户与银行之间的关系才算得到了初步确认。

(3) 信任阶段:

客户刚开始与银行交易,很多时候他可能只是出于一种尝试,他对该银行还并不是特别信任,他必须通过自己的亲身体验来增强自己对该银行的判断。客户往往要尝试着一次或几次,才会增强对银行的信任,当客户已经完全信任该银行,那么他就会成为该银行的忠实客户,银行与客户之间的信任关系就得以建立。

(4) 弱化阶段:

但是部分的情况是客户在购买银行服务或产品以后,没有得到银行的有效维护,于是银行和客户产生了关系弱化。弱化阶段客户的需求和选择银行的目标是随着时间的变化而不同的,除非银行能不断创新以不断满足客户的需求,否则,客户在与银行交往几次之后必然会发现银行已经对自己没有吸引力了。这时,他们对银行就会由信任变为不信任。一旦客户对银行产生不信任,客户与银行的关系就将开始弱化。

(5) 消失阶段:

一旦客户与银行的关系开始弱化,如果银行不及时采取补救措施,那么该关系就会继续弱化,当这种弱化的客户关系达到客户不能容忍的临界点时,客户就将不再与该银行往来,这时,客户就会流失,银行与客户的关系就将基本结束。如果经过银行的客户挽留措施,客户还是难以挽回,那么,银行就将失去该客户,银行与客户的关系就将消失。

第二节 客户关系维护方式的特点和优势

一、客户关系维护方式的特点

客户关系维护是银行动用各种资源和采取各种服务手段满足客户的需要。这种资源和服务具有特殊性,充分了解其特殊性,才能更好地运用,以达到良好的效果。

(1) 银行服务的无形性和广泛性,即服务是柔性的,服务无止境。

(2) 客户关系维护和营销的不可分割性,在整个客户关系维护中包含着银行营销。

（3）银行客户关系维护方法的个性化，要"一户一策"，提倡个性化服务。

（4）银行产品的同质化趋势。为此，在客户关系维护中，既要对优势产品及时推荐，产生先发效应，更要以服务取胜。

（5）银行信誉的重要性，要树立品牌效应。客户关系维护既是运用银行信誉，同时也是创立银行信誉的途径。

（6）银行机构分布的有限性。在客户服务中既要发挥网点优势，也要充分运用电子渠道和客户经理队伍的作用，形成"三位一体"的维护模式。

（7）银行经营的风险性。在客户关系维护中依然要十分重视风险防范，体现合规稳健经营。

二、客户关系维护方式的优势

在客户关系维护的过程中要充分体现银行的竞争优势，以达到事半功倍的目标：

（1）以客户为导向的经营理念；

（2）良好的银行形象；

（3）具有较强竞争力的金融产品；

（4）优质的营销和客户服务；

（5）先进的科技手段和创新能力；

（6）充分沟通，诚信度高。

三、长期客户关系维护的技巧案例分享：

（一）客户关系维护的口头禅："我能为你做什么？"

长期以来，银行在客户服务上处于被动服务，等客上门，有问才答。一种情况是不主动了解客户需求，更不可能针对客户的需求创造服务，开发产品。对待客户是简单的推销，而不是引导客户的金融消费。另一种情况是遇到客户只是单向地希望客户给银行带来业务，完成银行的指标。

成功的客户关系维护，一个重要标志就是银行主动地为客户服务。市场总是追求双赢的。客户一旦列入银行的维护名单，从此，客户经理就要持续保持和客户的联系。因此保持联系是客户关系维护的基础工作。与此同时，保持联系的过程就是银行充分了解客户需求的过程。然后向客户提出："我能为你做什么？"

"我能为你做什么?"——是银行服务理念的提升,是银行服务方式的转变,是银行产品和服务优势的展示,所以也是客户关系维护的技巧。它可以使客户感受到自身地位和客户价值得到银行的重视,体会到银行维护客户关系的用心。它能够很快拉近银行和客户的关系。作为一名称职的客户经理,他永远在思考:我能为客户做什么?

"我能为你做什么?"反映了银行在传统业务上的主动性,在创新业务上的引导性,以及在增值服务上的不断完善。

私人银行业务的崛起就是"我能为你做什么"的升级版。

随着个人财富多元化,一个拥有相当金融财富的银行高端客户群已经产生。中外商业银行的私人银行业务就是针对这类人群的财富管理问题应运而生的。

私人银行业务已经从银行传统业务扩展到提供私人财富管理服务为主,从金融便利转到以增值服务为主。私人银行业务包括为客户提供资产的结构性配置、财富的动态管理以及投融资的咨询服务等,涵盖了财富保障、投资、养老、税务安排,甚至满足高端客户各种高附加值服务,如国内的很多银行的私人银行为客户提供高尔夫球赛、艺术品全球寻购、贴身商务秘书服务、各种讲座和派对活动等。

由此可见,"我能为你做什么",客户经理不仅需要提供主动服务,更要提供个性化服务。

(二)客户关系维护需要精心策划

如某支行通过地区财政局招投标,获得了一个业务项目——为当地区的 6 000 多位公务员代发工资,赢得了一个零售业务的大平台。公务员是银行的优质客户,代发工资不仅有效增加银行卡存款的提升,而且,也为以后营销个人新业务打下了良好的基础。

为了做好公务员的客户维护,稳定卡存款,加固客户关系,拓展新业务,支行对客户维护精心策划,组织开展了"三行送四宝"的活动。

"三行"就是:针对公务员,以及该行一些重大代发客户群体,组织网点分别走向政府机关、街道、院校,开展上门服务、业务宣传。

"送四宝":一是宣传办理手机信息通业务,以便及时向客户反映工资卡的资金变动情况;二是办理"贷记卡",并且给予公务员和高校教师提供较大的透支额度,并办理代发工资的借记卡和具有透支额度的贷记卡捆绑使用,又安全、又有降低使用成本和便利性的特点;三是上门为公务员和高校教师主动免费安装网上银行,使他们能够运用银行电子渠道开展个人金融业务;四是区别不同客户分类。对一部分具有较高金融消费需求,同时还没有达到该行办理 VIP 标准的客户赠送银行 VIP 体验卡。

通过"三行送四宝"活动,让大批公务员,以及他(她)们的家属也认知和感受到工资代发银行的服务和产品,在代发业务的基础上,稳定了卡存款,也扩大了新的客户源。

由此可见,在客户维护过程中,不仅仅是保持关系而已,更重要的是从满足客户的需求着手,精心策划维护的方式,全方位地为客户提供便利见图 14。

• 建立信任关系
• 客户关系的累积
• 提供多方案由客户选择
• 跟踪服务、提醒服务
• 适用培育型客户

图 14

与此同时,还要运用银行各种服务和产品,使客户在维护过程中感受到金融功能的延伸。客户的维护往往是在他们初次体验银行的服务和产品以后,这就更加需要推荐关联产品,让客户有更多的选择,也使客户在产品的组合运用中,增加收益和增值。

(三) 客户关系维护中服务无止境,获得客户价值的最大化

如某支行把国际结算业务作为一项亮点业务目标,为了维护客户关系,支行充分分析客户的三种价值见图 15:

客户的显性价值
客户的潜在价值
客户的成长价值

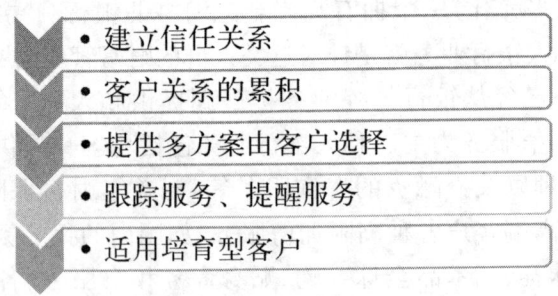

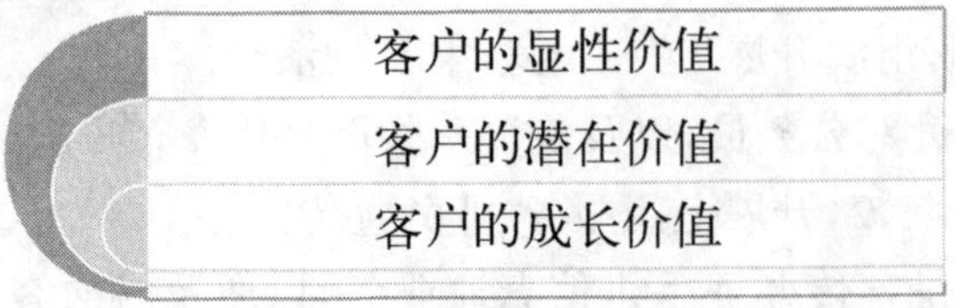

图 15

银行国际业务既有对私,也有对公的客户,对公客户又分为工贸公司和外贸公司。对已经发生业务关系的客户,支行要保持他们的显性价值,巩固原有

的业务往来。在此基础上发掘客户的潜在价值,客户往往是在多家银行开展业务,于是,支行要通过努力,扩大其在客户中的的业务比重。不仅如此,随着客户的财富增长和自身的发展,必然有更多的业务需求,这就为银行带来更多的成长价值。

而要在银行竞争中争取更多的业务份额,客户维护中服务和营销策略就显得尤为重要。对此支行采取了一系列的维护措施。根据客户分类,对不同的客户采取不同的维护措施,并且在服务中体现超越客户的预期。

对于公司客户,他们的服务措施有:

一是创造"主结算银行"的服务品牌。对于一批外贸和工贸公司将超过70%以上国际业务给予支行的,支行赋予该公司"外汇业务主结算行"称号,并为其提供定制的各项增值服务措施。这一将客户按业务的贡献度采取分类服务的方式对客户的维护起到很好的作用,这是因为客户需要被尊重。

二是开办了汽车银行。企业选择银行有不同的考虑因素。

客户选择银行的公式:

$$加权平均值 = \frac{a 距离 + b 关系 + c 偏好}{3}$$

可见,距离对于客户选择银行是一个重要的因素。对此,支行利用汽车银行的措施,上门收单和办理其他业务,避免客户频繁往返银行,深受客户的好评,也使一些离银行很远的客户和银行保持长期的业务关系。

三是对优质客户采取降低费率的措施来予以维护。在外汇业务中,外贸公司主要通过承担境内外客户的业务中介,并获得中介收费,很多中小公司都是以量获利,也就是薄利多销,因此公司对于银行降低费率,从而增加公司利润的措施非常满意。因此,让利,也是维护客户的有效办法。

对于私人外汇客户,支行也采取各种办法:

一是创办了外汇交易室,让私人客户运用外汇交易工具察看外汇行情,进行个人外汇买卖,而且由于交易室贴近网点柜面,便于客户办理其他外汇业务。

二是为个人外汇业务配备客户经理,给予业务咨询和指导。

三是在柜面摆放外汇业务指导手册,特别是《汇路指引》,深受客户欢迎。因为客户在没有直接代理行的地区常常因为不合理的操作导致客户汇费的损失。

支行的这些维护客户措施起到良好的效果,外汇业务得到长足的发展,7年的时间,使外汇业务从年结算量3 750万美元增长到6亿美元。从而也可以看到,银行在维护客户的过程中,服务是无止境的,需要去创新,不仅仅是满足客户需求,更可以开发客户的需求。

(四)细分客户,"一户一策"地维护客户关系

如××大学是所国家重点大学,列入国家985高校之一,由于该校在建筑设计等工程专业学科的知名度,大学周边形成一批"环××"设计产业。该高校是某商业银行下属支行的核心客户,在维护这个客户中,支行采取了"一户一策"的服务方法。

(1)配备专职客户经理。××大学在支行的业务主要是教职员工的代发工资和学校的各类账户管理。工资账户涉及面广,用户多,在工资卡的使用中,不免会有很多咨询问题,这些问题都会反映到学校的财务科。为了及时了解客户的信息,在最短的时间里解决问题,支行决定专门为××大学配备专职的客户经理。他每天上班首先是到学校的财务科收集信息,解决各类问题,同时办理各类学校需要的银行业务。

(2)开设"××大学专柜"。支行的网点离大学很近,每天都有很多学校的教职员工来办理业务,银行还经常为他们提供一些定制的金融产品,于是,为了方便他们办理业务,支行还开了专柜,由业务能力较强的柜员为他们提供服务,办理业务。

(3)形成客户互访制度。对于银行的高端客户,银行与用户更需要保持高密度的互访。支行的行长经常拜访学校的财务科负责人,对银行服务进行回访,针对学校不断提出的新的业务需求,制订业务措施和服务方案。网点负责人也经常走访学校的各个分院,到第一线听取客户的意见。

(4)办成具有客户特色的"××支行"。随着规模的扩大,支行对客户的维护不仅仅是停留在产品上,更从理念、品牌和文化上接近客户。对此,该行决定将为××大学服务的网点改名为"××支行"。从而使得学校的广大教职员工对银行有了更大的认同感。

"一户一策"的服务模式是维护客户的重要措施,也是在客户细分后实施"一对一"的服务理念基础上发展而来(见图16)。它不仅仅在银行的对公服务上普遍运用,在对私人客户上也发展很快。在对公业务上,主要依靠银行客户经理、产品经理和风险经理队伍,针对客户的企业特点和需求特点,对应服务。而在对私人的服务中,则更多采取理财师服务模式,根据私人客户不同的金融消费偏好和财富保值增值的个性化要求,提供理财解决方案(见图17)。

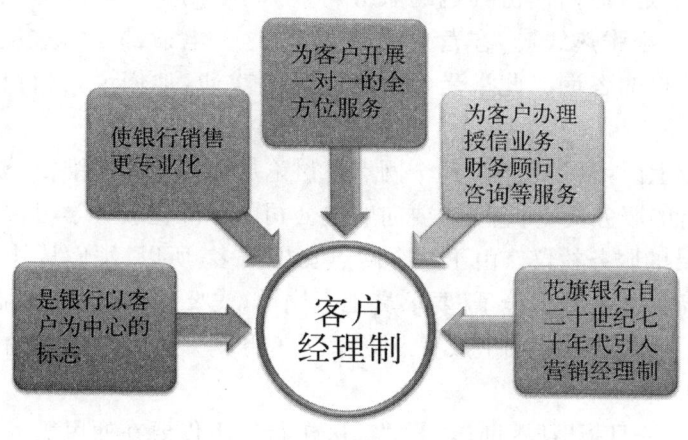

图 16

对私理财师"一对一"的客户维护模式：

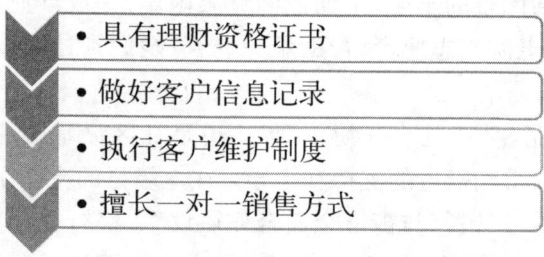

图 17

（五）创建品牌，提高社会知名度，提升维护客户的认知度

如商业银行某支行在维护客户关系中注重创建银行品牌，2005年被评为全国精神文明单位，从而提高了社会知名度。该行下属有三个网点先后被评为全国和总行的先进网点。其中一个支行是全国巾帼文明岗。它地处居民区，为了更好服务和维护好网点的客户关系，提出要创办"社区银行"。为此，该网点探索各种便民、利民的措施。

（1）开设"小张热线"。在网点，经常有一些行动不便的老人会来咨询金融业务，他们是网点的老客户了；还有一些客户总是到了关门结束营业的时候，急匆匆地来咨询问题，因为他们是上班族，白天没有时间。看到这些现象，网点的员工议论着，要提供一个服务，让这些客户能够感受到"社区银行"就在他们的身边。于是,他们模仿其他的服务行业,利用网点一名服务明星张小姐的品牌,开设了"小张热线"。在营业的时间里,这个电话都是由这里的员工负责接听,解答客户的咨询。此举受到周围居民的欢迎,他们说,银行也有热线,是为民办了一件实事。

(2) 淡妆上岗,温馨服务。这个网点在讨论加强客户关系维护,提升服务形象时提出:银行的服务要更职业化,要向航空公司的标准化服务学习。于是,她们学习航空乘务员的服务礼仪。由于这个网点女柜员多,所以,她们从外表礼仪着手:在员工的准备区域放置了镜子,要求员工上岗前,先要整理着装;女员工还必须统一淡妆上岗。她们还在柜面上放置老花镜、小糖果等。这一些小小的变化,都使得客户感到很温馨。

(3) 组织"一日捐"帮困助学。办"社区银行",不仅要在便民服务、温馨服务上贴近居民,满足客户,还要在承担社会责任上作出行动,使银行融入社区,服务社区。网点开展了一系列社会活动:每年开展多次"一日捐"活动,资助社区里品学兼优,但是家庭生活困难的学生,帮助他们克服困难,完成学业;她们在"重阳节",利用业余时间到养老院当志愿者,帮助服务老人;她们到社区设摊,上门宣传银行产品。

(4) 与所在街道签"银社合作协议"。街道是社区最基层的政府部门。办"社区银行"的设想必须得到街道的支持和指导。在上级行的支持下,该网点主动和所在街道沟通商议,签订"银行与街道全面合作协议"。银行提出对街道管理的企业以及地区居民提供更好的金融支持和服务,街道也在管辖的区域为银行维护客户提供宣传和业务便利。这个街道也是一个先进党组织,两家先进单位开展共建活动,取得了双赢。此后,这个街道探索组建社区党委,网点的负责人也成为街道党委委员。

实践证明:在维护客户关系中,利用银行的品牌效应,也是一个很好的办法。客户选择品牌网点,不仅相信可以得到更好的服务,有服务质量的安全感,同时,在心理上也有一种获得自尊和满足的感觉。品牌网点,社会的要求和监督更高、更严,也能够培育更优质的员工队伍,从而不断提升服务质量,取得更好的维护客户效果。

第三节　危机处理也是一种客户关系的维护

在银行与客户长期的合作和往来中,会发生客户的投诉事件。尽管银行十分重视客户信誉,但是客户的投诉对银行的信誉依然会造成损害,客户投诉也是银行的信誉危机之一。为此,银行必须提高应对客户投诉的能力,把处理客户投诉作为维护客户关系的一部分。

一、客户投诉与不妥当的危机处理后果

(一) 有责投诉与无责投诉

客户对银行的投诉可以按银行是否负有服务或操作责任,分为"有责投诉"和"无责投诉"。对于"无责投诉"需要做好客户解释工作,而对于"有责投诉"还需要予以纠正和处理。

1. 多收手续费

市民王先生在某银行开办了一个贷记卡。因购房需要,王先生通过贷记卡转现金50万元,该银行收取了1‰的手续费,共计5 000元。王先生认为这属于不合理收费,遂将该银行投诉至市消协。经过调解,该银行退还了多收王先生的5 000元手续费。

2. 办业务排长龙

王小姐来到某支行网点办理业务,发现四个窗口只开了两个,这两个窗口排队的长龙已经到网点门外。张小姐见两个窗口的柜员忙碌不停,而后台5位员工却与他们形成鲜明对照:有的不紧不慢地敲着计算器,有的一边闲聊、一边翻动手里的单据。见此,张小姐和站在长龙尾部的客户一起向营业厅负责人投诉。这时,从里间办公室走出一位戴着主任工牌的先生。这位主任先生没等客户讲完,就显出一脸无奈并抱怨:上级行给的前台编制不足,人手不够,我们支行也没办法。没等主任说完,后面几位客户已一声不吭地向门口走去。

3. 待客不热情

李斯是一家银行的大堂业务引导员,平时一直认真负责,但有一天因身体不

适,为客户解答问题时表现了不热情、答非所问,随后客户以不热情、业务不专向银行领导投诉,并向有关媒体报道,给银行造成了极其恶劣的影响。最终银行以严重违背大堂经理职责,给予辞退的处分,很多同事认为处理太重。

(二)不妥当的危机处理的后果

以上案例可见,客户投诉的原因既有客观的因素,也有主观因素。从网点投诉的现象分析,客户投诉的原因主要有以下四个方面(见图18):

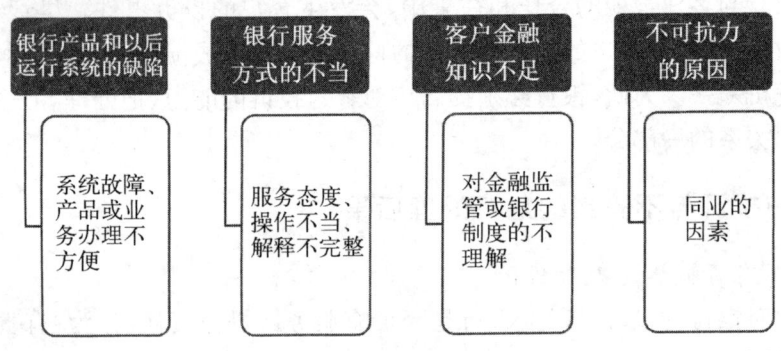

图18

可见,客户投诉有不同的原因。而危机的处理也会有三种不同的后果:

1. 破坏了银行和客户的关系

这是危机处理最坏的结果。而造成如此结果的往往是由于银行员工缺乏对危机处理的重视,或在处理上没有掌握技巧,使客户无法接受,从而断绝与银行合作。这也是银行最不希望出现的结果。我们要防止出现这样的结果,所以,我们在处理客户投诉危机时要杜绝以下的态度或处理方式:

(1)在处理危机时与客户一味争辩、争吵,不容客户申辩,不断打断对方,甚至怀疑顾客的诚实。

(2)简单地站在自身的立场上,直接拒绝顾客的投诉。

(3)批评顾客,强调自己正确的方面、不承认错误,不承担任何责任。

(4)忽视客户,有意、无意地表示或暗示顾客不重要,对客户表示要把业务转到别的银行也无动于衷。

(5)认为投诉、抱怨是针对员工个人的,没有提升到对网点、对银行信誉的损害,态度上只是想把大事化小,小事化了。

(6)在与客户的沟通时语言含糊,或用词消极、否定,或拖延或隐瞒,与客户打"太极拳"。

2. 疏远了银行和客户的关系

造成这样的结果是很无奈的,虽然这可能由各种原因造成的,但是从银行的角度来看,还是应该提高处理危机的技巧,尽可能减少负面的影响。

3. 经过修复,重新建立银行和客户的关系

这个结果对于危机处理是积极的,也是银行处理危机的目标。要有效处理危机,挽回客户投诉造成的影响,使客户转变对银行的态度,首先必须了解客户投诉行为发生的过程中,在心理上有四个变化的层次(见图19):

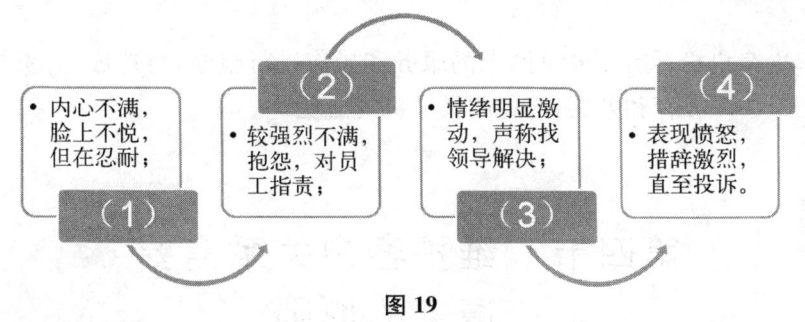

图19

二、有效处理投诉的方法和步骤

1. 接受投诉

应该第一时间接待客户,不要回避和拖延,对危机的处理越早越主动。在接待时要注意把握两点:一是尽可能离开服务区,避免对其他客户的影响;二是需要合适级别的人接待,使客户体会到受到了对等的待遇与尊重。

2. 平息怨气

客户在投诉时,多带有强烈的感情色彩,具有发泄性质,因此要安抚客户,令顾客感到舒适、放松。和颜相待,让顾客发泄怨气。如果已经了解到是银行的责任,应采取低姿态承认错误,平息怨气,让客户能在理智的状态下分析解决问题。同时,对客户投诉表示理解和关注,认真倾听,并做好记录。

3. 澄清问题

向客户表示,对由此给对方带来的不便表示同情和理解。当客户的态度缓和以后,向客户作出合理的解释,并明确表示承担替顾客解决问题的责任。如果不是银行的责任,也希望客户理解。

4. 探讨解决

了解客户想要的解决方案,并提出我们可提供的方案。通过沟通,达成双方都

可以接受的解决方案。

5. 采取行动

对于客户可能受到的损失给予适当的补偿。

6. 感谢客户

再次为给客户带来的不便和损失表示真诚的歉意，并再次感谢客户对银行的信任和惠顾，也向客户表决心，让客户知道我们会努力改进工作。对于有些态度完全转变，表示愿意充分合作的客户，还可以保持联系，或聘请为网点的社会服务监督员。

在解决客户投诉后还要对网点的服务和操作进行整改，对造成"有责投诉"的有关责任人予以教育和处罚，避免同类危机的出现。

第四节 维护客户关系需要遵守的原则

维护客户关系是非常体现人性化的工作，它的成果不能够简单地靠制定标准来衡量，也很难确定一套规定动作，或者规范的术语来执行。它需要因人而异、因地而异、因时而异，柔性地去操作。因此它首先要洞察客户的心理活动，摸清客户的预期需求，判断客户未来的行为，从而舒缓客户的情绪，协助客户进行准确判断，引导客户与银行达成一致的看法，采取双方都能接受，并且使原有客户与银行关系不仅不致损害，而且更加稳固和发展。通过以上维护客户关系技巧的案例，反映出银行在维护客户关系中要求坚持如下原则：

一、理解客户

在维护客户关系中，要充分理解客户，就要习惯换位思考。在心理学中提倡"同理心"，就是站在对方立场设身处地思考的一种思维方式。理解客户要讲究时宜，顺势而为。当你提出的解决方案，令客户有为难之处，一定要体谅别人，不要让客户纠结。比如他有顾虑，他认为那样做会不合适或条件不够成熟，还不能做等，你就要马上停止你的要求，仔细了解客户的想法，并告诉他不管怎么样，你都非常理解他，并对客户的考虑表示感谢。你的善解人意会让客户感动，并对没有达成一致感到很抱歉甚至内疚。这样,就算这一次没有达到预期的效果,但是下次一有机会,客户就不会忘记补偿你。反之,如果急于求成,让客户为难行之,即使这次勉强解决了,客户也会对银行产生不良的印象,甚至反感,从而使银行与客户的关系生疏,不利于长期合作。

二、追求双赢

银行与客户合作一定要追求双赢,因此,我们在维护客户关系的过程中,要多替客户着想,为客户获得利益的保值、增值。我们一定要注意,不要把客户没有用或不愿意接受的银行产品推销给他,也不要让客户以浪费他的资源来支持我们。我们尽量减少客户不必要的投入,客户也能领会我们的用心,同样保护银行的利益,或者在业务合作中给予回报,节省银行的投入。

此外,我们的客户与来银行办理业务的人,还有着特殊的关系。比如在公司业务中,和我们联系业务的可能是企业财务人员。我们为企业着想,也要为业务人员考虑。我们努力搞好与经办人员的关系。银行在维护客户关系的同时,也要让业务办理人员也能漂亮地向上司交差,以后他们会主动协助银行处理问题。又比如在私人业务中,来办业务的人也有家属关系,有家庭利益,我们也要考虑不让他们因为办理银行业务,影响了家庭的利益,引起家庭的矛盾。

三、尊重客户

每个人都需要尊重,都需要获得别人的认同。"客户是上帝",客户是银行的价值之源。在金融市场化条件下,在银行竞争日趋激烈的环境下,对于客户选择我们,并且在业务上给予银行友好地合作,我们一定要心怀感激,并把这种感激对客户表达出来。而对于客户一时的失误甚至过错,则要表示出你的宽容,而不是责备,并立即共同研究探讨,找出补救和解决的方案。这就是银行对客户的尊重。这样,你的客户会从心底里感激你。

尊重客户就是在接待客户的过程中,不仅提供良好的服务,更重要的是满足客户的需求。传统的服务强调:来者都是客,一视同仁,老少无欺。这只是低层次的满足,而现代商业理论更强调不同的客户具有不同的需求,真正的尊重在于细分市场、细分客户,为不同的客户提供针对性的服务。

尊重客户也意味着向客户学习,如发现客户在营销、管理、与人相处等各方面的优势和经验,客户经理都可以虚心请教,也可以共同研究和探讨一些社会、经济和个人兴趣方面的问题。这种相互尊重,取长补短的关系,往往可以增强与客户的依存感,有利于客户关系维护。

尊重客户,就是要以银行的忠诚换取客户的忠诚见图20。

> 客户忠诚的表现:反复使用产品、选择多种产品和服务、乐意向他人推荐你的产品、排斥竞争对手;
>
> 交易诚实和情感忠诚;
>
> 努力使客户成为企业的一分子;
>
> 营造银行与忠诚客户沟通和互动的氛围;
>
> 运用信息技术建立忠诚客户识别系统;
>
> 银行也要推行"里程计划"。

图20

四、注重细节

现在有一句流行语:细节决定成败。人的心理活动非常复杂而细腻。因此银行在维护客户关系时就特别要注重细节。注重细节,就是为客户提供贴心服务,体现人性关怀。

注重细节,首先要让客户掌握你的多种联系方式,并保持通畅。无论你在什么环境下,当接到客户的电话,都要保持良好的情绪,得体的回答。即使正处于特殊的情况,也要告知会尽快回复。随意关机,长时间的无人接听都是隐形的拒绝,应该避免。在给客户的名片上,尽可能有详细的个人联系信息。保持经常向客户邮寄或通过电子邮件发送银行业务信息。

注重细节,就是要关心客户的情绪、习性和偏好。客户在购买金融产品时,具有安全偏好和风险偏好。有的客户是稳健型的,在收益和安全的选择中,他们宁可放弃高收益;而有的客户追逐高回报,对于一些高收益的风险产品也能够接受,银行需有的放矢地推荐产品。

注重细节,就是要体现人性关怀。在节日、客户的生日,企业客户开张等重要时刻,银行都要送上祝贺,给予客户亲人般的温情。在美国有的银行给重要客户发送圣诞贺卡时,规定必须书写,而不能用电脑打印,这是为了让客户感受银行的重视和亲近。

注重细节,就是要处处方便客户,让客户放心。银行为客户提供"提醒服务"、"财务顾问","金融管家"等,就是注重细节的客户关系维护。

五、超越预期

客户关系维护不能仅仅满足在网点服务客户,不能仅仅满足于客户提出的金融需求,而是要通过对客户的观察、了解、分析,对客户潜在的需求进行预判,并做好预案,从而主动引导客户的金融消费;要对客户的成长趋势进行分析,根据客户成长轨迹,不间断地,超前提供金融安排;要对客户金融业务以外的需求,因为其自身资源的限制无法解决,而银行可以利用社会平台的资源,帮助客户解决难题;要利用银行业务和科技优势,对现有银行产品进行组合,为客户提供个性化的服务。这样,银行与客户就不再是一般的合作关系了,更多的就是朋友关系了。这一切都是超越了客户的预期,在客户关系维护中能够起到事半功倍的效果。

六、创造口碑

维护客户关系的过程也是创造口碑的过程。银行为客户的付出也许不是每一个都能得到回报,然而会赢得客户的口碑。良好的口碑是银行对客户服务的最好评价。口碑是客户发自内心对银行服务的认同和赞扬。口碑也是客户对银行的整体印象。

良好的口碑来自银行优质的服务。这种服务是整体的,也是一贯的。要使客户有这样的口碑,服务必须体现"一个银行,一个客户"。一个客户在这个银行的任何网点,都能够享受一样的待遇和服务。这不仅需要银行实施规范的服务,更重要是通过系统和技术,让客户的资源在全行共享。

良好的口碑还来自银行的诚信。坚持信守原则的银行最会赢得客户的尊重和信任。在客户关系维护中,银行经常会给与客户业务的承诺。因此,一方面银行在承诺时要十分慎重,充分考量银行的实力;另一方面,承诺的必须严格兑现。万一确属条件发生突变而无法实现承诺,也要和客户仔细解释,并取得客户真正的谅解。

客户的口碑是口口相传,是银行扩大影响的有效渠道。

七、充分沟通

客户关系维护需要充分沟通,其核心是寻求共同语言。在沟通中要做到:
(1) 适应对方兴趣,寻找客户关心的问题;

(2) 抓住机遇、切入主题；
(3) 平等相对、让对方舒服,有亲近感；
(4) 用幽默来化解冲突,创造气氛；
(5) 从第三者得到客户评价；
(6) 沟通也要注重礼仪(穿着、仪态、距离、送礼等)。

沟通,在银行与客户关系良好时起到锦上添花的作用,升华相互关系;在银行与客户关系处于不良状态时,起到缓解矛盾,消除误会,改善关系的作用。

银行和客户提升合作关系经常采取：主办行、主结算行、银企合作、战略合作协议等方式,而在实施这些合作模式中,都要经过充分的沟通。

八、表示感谢

当银行与客户的合作已经建立,银行已经在业务上取得进展。对此,银行要表示感谢。在商业的理念里,客户就是上帝。银行的任何利益都来自于客户。善于感谢客户的银行才能更好的维护客户关系。

银行可以各种方式来感谢客户。银行网点的服务人员把感谢作为柜面规范用语；在解决客户的投诉,或者宣传银行产品时,银行可以赠送一些小礼品表示感谢。在企业客户关系维护中,银行更可以形成不同的感谢模式：银行定期的拜访客户,登门感谢；对于重要的企业客户,银行通过举办银企座谈会、联谊会、客户活动等形式感谢客户。

第五节　不同市场角色的客户关系管理维护对策

一、市场领导者的客户关系维护

对于规模较大并具有垄断型的银行,凭借实力雄厚,占据较大的市场份额,客户对其有依赖性。对此,银行客户关系维护目的是保持在客户中优势地位,提高客户对企业的忠诚度,防止由于同业竞争,导致客户流失。银行的对策是：把握客户经营运行和重大业务项目建设的商业信息,加强与企业上层的沟通,建立服务团队,形成战略同盟,巩固和提升双方合作。

二、市场挑战者的客户关系维护

当银行在市场上还没有形成主导地位,但发展快,经营具有特色,积聚实力向市场挑战的银行。这类银行的客户维护重心是中端客户和尚未取得绝对优势的高端客户,其目的是在巩固原有客户基础上,通过良好和积极的客户关系维护,优化客户结构,提升客户能级。银行的对策是:善于抓住龙头银行的薄弱环节,扬长避短,宣传自己的优势,通过不断提升服务维护客户,积极推荐本行优势产品,达到挑战的目的。

三、市场追随者的客户关系维护

如果银行在综合实力和单一产品上都没有竞争优势,还没有建立核心客户群的中小银行,或一部分新建的银行。他们的客户关系还比较脆弱,客户关系维护的任务艰巨。对此,银行客户维护的对策是紧盯他行的客户目标,在客户维护中重视细节,认真处理每一次业务切入;特别要通过关系维护,争取企业的关键人物对银行的选择;或在客户维护中采取降低利率、费率等措施,以适当的投入取得客户的认可。

四、市场补缺者客户关系维护

那些资产规模较小,竞争实力较弱,网点少的银行,或者是非综合性的金融机构。他们的客户量少,核心客户更加缺乏。他们的客户关系的维护目的主要是扩大客户群,增强客户对银行的信任。其客户关系维护的对策是,利用自身特点,重视对微小企业、新兴产业和中小私人客户关系的关系维护,维护中特别要采取服务取胜的措施。

第六节 在客户关系维护中发挥客户经理的作用

客户经理队伍的建立是随着客户关系维护不断得到银行的重视而发展起来。在传统的银行里有处理信贷业务的信贷员,他们是银行贷款专业人士,但是对客户缺乏全面系统的维护,他们只处理企业的对公业务,职能比较单一。客户经理与传统的信贷员有三个区别:一是信贷员只在对公业务条线设置岗位,而客户经理队伍分对公客户经理和对私客户经理；二是信贷员职能比较单一，而客户经理为客户提供一站式服务，实施公私业务联动，业务办理和财务顾问兼任，客户营销和客户关系维护并重；三是信贷员在业务方式中单打独行，客户经理在业务功能上与网点柜面、银行电子渠道互补，在服务模式上与产品经理、风险经理协同，体现综合竞争优势。四是信贷员往往只在中心支行以上机构配备，而客户经理却延伸到基层业务网点，更加接近客户，方便客户。

一、公司客户经理制的产生

(1) 20 世纪 70 年代，信贷业务联系人员；

(2) 20 世纪 80 年代，推销产品客户经理；

(3) 20 世纪 90 年代，客户关系管理经理。

二、客户经理维护客户关系的对外职能

(1) 和客户保持紧密联系，了解客户的需求。客户经理要上门服务，同时也是更深入地走近客户，成为银行与客户的桥梁。一个客户经理不仅熟悉银行业务，更要熟悉市场，熟悉客户。

(2) 以"一站式服务"关怀客户，为客户提供增值服务。客户经理是银行的代表，是银行的公关，负责全面地与客户联系。客户的任何需求都会通过客户经理传递，客户经理负责维护客户关系，要利用银行的各种资源为客户服务（见图21）。

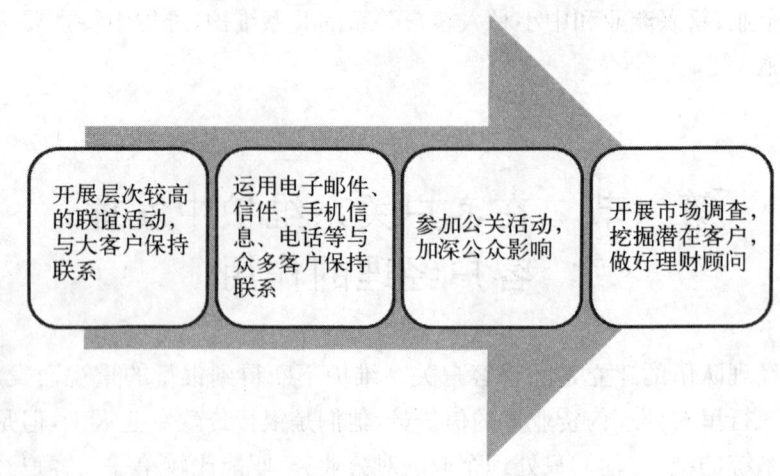

图 21

(3) 引导客户的需求,推荐金融新产品。在了解客户需求的基础上,客户经理不仅主动推荐金融产品,还要引导客户的需求。

(4) 帮助客户风险管理,确保客户财富安全。

三、客户经理维护客户关系的对内职能

(1) 提供市场信息和反馈客户需求。客户经理要及时、准确的把客户的需求,反馈到银行内部有关部门,使银行内部机构根据市场的需求来研发金融产品,同时支撑业务一线开拓客户,维护客户。

(2) 协调银行内部对客户的各个服务环节。客户经理在银行内部也发挥着重要的协调作用。一个客户的需求是多方面的,而要满足这些需求涉及银行的各个部门。这就要求客户经理在其中综合协调,从而提高服务的效率。

四、客户经理在维护客户关系中需要具备的基本能力

(1) 较强的业务知识和财务分析能力。客户经理不仅要熟悉自身银行的产品和业务知识、熟悉本银行的业务优势。为了在竞争中取胜,还需要了解其他银行的产品,业务上的优劣势,可谓"知己知彼、百战不殆"。

(2) 具备有效地沟通技巧,在聆听客户需求、表达合作意愿和建议、谈判、推荐和推销金融产品、化解银行与客户的冲突,解决客户关系危机等方面的能力。

(3) 具有个性化服务魅力,在客户关系维护中充分显示个人风格、兴趣爱好的才能、以及发扬和维护银行信誉的优势。银行的客户是差异的,客户的多样性决定了客户经理要多面性,以广泛的兴趣与客户交流。

(4) 协调能力。在维护客户关系中,通过内部和外部协调沟通,最大限度地的调动银行内部资源和社会资源,发挥综合优势,并且提高业务处理的效率。

(5) 主动的服务和营销意识。主动征求和获取客户的需求,并且予以满足;或者主动引导客户对银行服务或产品的需求。

(6) 善于捕捉企业经营和管理的变革信息,以及私人客户财富变动的能力。以便银行更好地采取积极的措施,应变客户关系维护对策。

(7) 善长运用对内和对外营销能力推进综合顾问式金融方案的形成;

(8) 赢得客户的信任的能力。

第七节 建立现代银行顾问式客户关系维护的机制

一、顾问式客户关系维护机制产生和发展的背景

顾问式客户关系维护是客户关系维护模式的发展趋势。它的产生是银行经营进一步市场化的表现。

(1) 集团型大客户的出现,以及高端私人银行客户的增加,银行与客户的关系发生变化:一要保证客户财富的安全;二要提供优质的服务;三要为客户保值增值。

(2) 企业经营和财务管理的深化,私人客户个人财富增值、保值理念的变化,从而对金融产品的新需求。银行为高端客户提供高品质服务,为大众客户提供快捷服务。

(3) 银行力图打破同质化竞争格局,在深化服务、创新服务、延伸服务中凸现优势。

二、顾问式客户关系维护机制的核心价值

(1) 零缺陷维护、客户导向、质量(情感)维护。

(2) 从客户角度看问题,了解客户的需求。

(3) 从"说服购买型"(产品为主)向"咨询服务型"(客户为主)转化,有助于获得持续交易。

(4) 顾问式销售流程能由浅入深地将销售流程与客户的购买流程做嫁接,使大客户销售人员可以从客户的角度来开展销售活动(见图22)。

三、顾问式客户关系管理和维护的银行功能

(1) 银行前、中、后台全新的服务和营销流程,最高效率地体现"以客户为中心,银行后台对前台的全面支撑。

(2) 建立顾问式营销的银行流程。

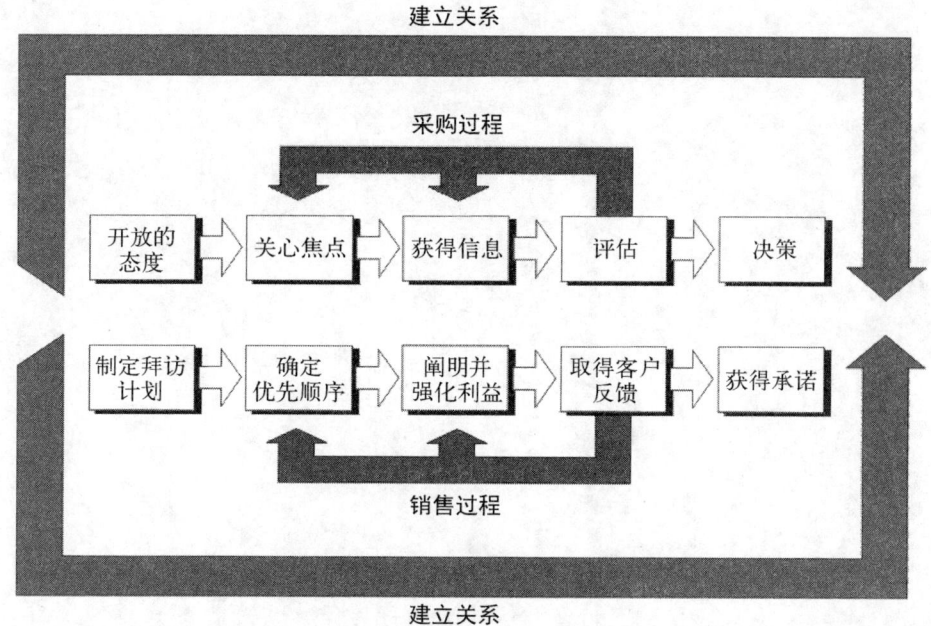

图 22

(3) 具备强大的业务创新功能

在顾问式客户关系营销中,业务的创新体现在:通过金融创新来降低客户财务成本;通过金融创新来加强客户财务管理;通过金融创新来提高客户财务效率;通过金融创新来防控客户财务风险。

业务创新的范围涵盖:产品营销创新(产品扩展营销、产品集中营销、产品交叉、产品差异营销、产品替代营销);渠道营销创新(实体营销渠道创新、电子网络营销渠道创新、银行内部团队营销创新);综合资源营销创新(技术开发能力营销、法律合规能力营销、风险防范能力营销、形象推广能力营销);同业联盟营销创新(银行同业合作、银行与非银行金融机构合作、本行异地行合作、内地与海外行合作、客户共享等);企业文化营销创新(银行与客户的文化交流、在客户维护中运用文化平台、银行新产品的文化内涵等);IT 技术营销创新(发挥网络银行的营销价值、体现结算业务营销的技术优势,并运用在电子票据支付、企业网银、报账系统、报关系统、企业收费系统等)。